コルドバ歳時記への旅

暦の知恵と生きる悠久のアンダルシア

文・写真
太田尚樹

東海教育研究所

コルドバ歳時記への旅　目次

アンダルシアの日本人《ハポン》たち

グラナダ郊外グァディスの洞窟住居群

住居内部は季節に関係なく、常時 20℃を保つ

プロローグ

地中海に面した南欧では、燦々と輝く太陽の下、人々はゆったりとした生活のリズムの中で、温和な表情を浮かべている。人間の表情は気候風土と深く関わっているが、自然に対する人間の側の姿勢である、対抗と共生のあり方に大方依存しているようである。

アルプスの北側と違い、南欧でもとくにスペインには大工業都市がないため工場の煙突がほとんどなく、車窓に醜い看板を見ることも少ない。この国は伝統的に大地に根を張った農村型で、牧畜のほかに葡萄やひまわり、オリーブ栽培、それに大西洋と地中海沿岸の漁業が中心になっている。

そこにあるのは、いずれも時の移ろいに合わせた、自然と共生している姿である。

だが人間の表情は、それだけによるものではなく、制度や政治、宗教とどう向き合い、異文化をどう受け入れるかという、受容の仕方の違いが根底にある。

歴史学の立場では、南欧には厳密な意味での封建制度は成立しなかった、と指摘されている。北フランスやイギリス、ドイツのように、物事の解決にまず法を前面に押し出してくるのに対して、南欧では情緒的に解決する傾向が強いようである。

一つの例が、世界最古の四大学と称されるヨーロッパの四大学のうち、オックスフォード大学、パリ大学は、法学部の設立をもって大学の創立年としている事実がある。これに対して、イタリアのボローニャ大学とスペインのサラマンカ大学が、神学部の設立を大学創立の年としていることでも、ある程度説明がつく。とりわけスペインでは、カトリシズムを国家理念の支柱とし、神への畏敬の念は人々の心的領域にも深く根ざしてきたからである。

負を正に変える思考

だがその一方で、彼らは逆のベクトルを働かせ、したたかなほど人間的な生き方をしている。言い換えれば、彼らは聖と俗をきわめて巧みに使い分けてきた。人間の苦難を救済するはずのカトリシズムは、その正統教義が強調されるほど、反対に人々の心に重圧となっていたためとみられる。

そこに見えるのは、彼らの複層化した精神構造である。信じるのは神の権威だけで、その他のあらゆる権力には反抗する不文律が成立し、享楽を優先する思考が育まれていった

スペインの魚屋はどういうわけか美人揃い

ヒラメは冬の代表的な魚

グラナダの朝市には新鮮な地場野菜が並ぶ

と考えられる。したがって、逆にカトリシズムをもって国を治めないことには、収まりがつかなかったという矛盾も抱えてきたのである。

スペインは「理」と「法」を前面に出す建前型の人間社会ではなく、「情」が幅を利かす本音型であるという言い方もできる。

したがって彼らの思考方法や習慣の違いは、宗教や教育、生活空間の変化のような、外的要因によって付加的に身に付いたものだけではなく、自然との対峙、ないしは受容の過程で身に付けた、自然育成型ともいうべき要因によって身に付いたものと解釈される。それだけ地中海型の人間たちは、自然との関わり方が濃厚なわけである。

だが世界を見渡せば、近代文明の所産である電波・映像文化が、予想以上のスピードと深度で、思考や習慣の変化に迫車をかけてきた。人々は電子機器の前に釘付けになり、無機質な文字が羅列するメールのやり取りで済ませてしまう人間関係は、人と人とが直接的に接触する機会さえ奪い取ってしまっている。

こう見てくるとなおさらのこと、祭にうつつを抜かし、居酒屋で声高に喋りまくっているスペインの人たちの方が、人間の生き様としてはより健全なようにみえる。その実、彼らは祝祭日だけでなく、享楽や娯楽を伴う日常の時の流れも、伝統的な暦によって守ってきたのである。

ところが昨今、この国の経済不況、若者の失業、政治不在が指摘されている。若い頃からスペインを研究フィールドにしてきた私は心配になり、最近各地を巡ってきたのだが、彼らの表情に暗い影はなく、うつむいて歩いている人もいない。みんな表情豊かに晴れやかな姿をみせる光景は、以前と少しも変わらない。負を正の心に変える見事さには、脱帽するばかりである。

考えてみればスペインは、経済不況、政治不在などは、何世紀にもわたる伝統であるから、どこ吹く風。なにしろ世界に雄飛したあの大航海時代、世界に君臨したイスパニア帝国の黄金の世紀といわれた十六世紀でさえ、国庫は破綻していたのだ。時代の頂点に立ったフェリペ二世の時代からすでに慢性的な累積赤字に苦しみ、ミラノやシチリアの国際金融機関からの短期借入金で、その場をしのいでいる有様だったのである。

だが経済の物差しで、政治や倫理観、果ては人間の美学まで変わってしまう現在の世界的潮流の中にあって、この国はいささかも揺るがないほど表情を失っていないのである。

洞窟で快適に暮らす人々もいる

だが比較文明論の立場から私が関心をもっていたのは、この国の政治や経済の世界では

フラメンコの妖しい魅力は、魂の叫びそのもの

白馬を駆る男たちは花祭りの花形

なかった。若い頃から羊の群れを追う牧夫に同行したり、葡萄畑やオリーブ畑の観察、酒蔵の見学をしてきたことが、研究領域の拡大につながることになったのである。

さらに今もつづけている趣味の居酒屋巡りの楽しさも加わった。生ハムやチーズ、オリーブを肴に、ワイン・グラスを傾けているうちに、それらの里を訪ね歩くことにつながり、そこに伝わる暦と生活習慣の意味を考えてみるきっかけになった。

私は現地では、食材の市場、中でも魚市場の見学は日課になっていた。どんな獲り方をするのか、その漁法を尋ねたり、漁場を教えてもらっているうちに、甲殻類の一種、「亀の手」が店頭に並ぶのはいつ頃からかとか、サバに脂が乗ってきたから、秋はもうすぐだと読めるようになってきた。

また、生ハムの産地を訪ねているうちに、秋たけなわの頃、ポルトガル国境に近いコルク樫の産地でドングリが雨アラレと降るスペイン西部エストレマドゥーラ地方の林の中に入ったこともある。風下から近づいてドングリを漁るイベリア種の黒豚の生態観察をするのも楽しかったが、私は研究室型ではなく、現場主義を貫いてきたのである。

そしてワイン、オリーブと生ハム、その地に生まれ育った人間たちを見ていると、その土地固有の気候風土が生み出した産物と人間、自然の恵みと人間が一体化した生活形態の中に、個々の類型を見出せることに気がついたのである。

スペイン南部のアンダルシア地方に現存する、洞窟に住み着いた人々の生活実態も、人間と自然が共生した姿を浮き彫りにする。それは単に「共生」という言語表現の域を超えて、自然への回帰を図った人間の生態といった方が的を得ていよう。実際、現場を観察してみると、ジプシーだけでなく、パリやロンドンに住んでいた人間たちが移り住んだり、季節によって都市と洞窟を住み分ける傾向は、現在増大しつつあることに、近代文明の限界を思い知らされた。彼らは「物を持たない文化」、光の世界の向こうにある「静寂と闇の世界」への回帰を実践している人間たちであった。

コルドバ歳時記とは何か

こうなると、豊かさをひたすら追い求めてきた近代文明を横目で見ながら、伝統の生活習慣を守っているスペインの地方人たちの方が、人間のあり方としてはより健全だと言ってよい。たとえ生産的でないと揶揄《やゆ》されていてもである。

その伝統的生活習慣だが、彼らは歳時記によって祝祭日や行事を区切っていただけでなく、健康を保つ知恵を身につけ、家畜の移動や管理、農事作業や日常生活の予定に応用してきた。さらに享楽や娯楽へのつなぎ方までよく心得ていて、実践してきたのである。

ローマ橋からコルドバ市街を望む

さてその歳時記だが、もともとヨーロッパには、ゲルマン民族の大移動に見られたような南北軸のほかに、東西軸が存在した。痩せ衰えて体力が落ち、文明の失速時代に入っていたヨーロッパに、突如として東方から光り輝く文明が西へ西へと吸い寄せられてきたオリエント文明がそれである。

スペイン南部アンダルシア地方のコルドバが、後ウマイヤ王朝の眩いばかりの栄華の都として登場したのは、西暦七五六年のことであった。

そして中世のこの国に、ひときわ異彩を放ったのが、コルドバに伝えられた『コルドバ歳時記』である。

日本で高級革製品を「コードバン」と呼んでいるのは、柔らかい牛革のことだが、本来はこの地方で飼育され、なめし加工された仔山羊の革のことである。

今ではマドリッドから超特急「アベ」に乗れば二時間足らずで着けるコルドバは、後ウマイヤ朝の都だった当時は、人口百万人、うち兵士五十万人を擁する、西側のイスラム拠点として知られていた。

そのコルドバで西暦九六一年に編纂されたのがコルドバ歳時記。時あたかもアブドル・ラフマーン三世が郊外のザフラー宮で世を去り、息子アル・ハカム二世がカリフの位に就いた年である。

のちに一八七一年になって、その歳時記のアラビア語原典はオランダの歴史学者ドジーによってフランス語に翻訳され、ライデン大学から刊行されて世に出ると間もなくして、スペインでは人々の間に知られるようになった。だが、日常生活の行動の指針になっていたコルドバ歳時記は、もともとはアラビア半島の遊牧民が星によって雨や風の到来を推測したり、旅や遊牧、家畜の管理の目安にしていた星の暦と、ナイルの氾濫を予測するエジプトのコプト暦が基本になっていた。

いずれも星の暦であることが共通しているが、アラビア半島の遊牧民は現在でも農業は営んでいない。泉のまわりに西瓜の種を播き、移動の途中に立ち寄って収穫したり、移動経路にあるナツメヤシの手入れをしている程度とされている。

しかしナイルの氾濫の予測は主として農業の指針にするためであり、コルドバ歳時記では農業と牧畜のほかに人間の健康管理など、日常生活の知恵やキリスト教の祭事にいたるまでの、幅広い「予定表」ないし「予測表」になっていた。

この暦の特徴は、兄弟星である一対の星の一方が沈むと相方の星が反対方向から昇ってくる「ナウ」という現象によって、暑くなったり寒くなったり、天候が変化したりすると考えていることにある。つまり、地上の自然現象は宇宙を移動している星に支配されているという思想である。

ある星が西の空に沈むとき、この星を見送るように東の空から昇ってくる星があることから、この二つの星を兄弟星とみなし、いずれか一方が沈んでいくことによって、人間の住む地上の自然が影響を受けると考えているのである。

つまり、非日常の世界に生きる遊牧民の間に蓄積されていた知恵を、定住社会に生きる人々の日常生活に生かして編纂されたのが、この歳時記である。

では彼らはどのようにして、そのような思考に辿り着いたのかであるが、そもそもアラビア半島の遊牧民はどうして「ナウ」を行動様式の指針にするようになったのかが問題になる。

実際、ある特定の星のペアが同時刻に昇ったり沈んだりする現象は、それだけでは正確な日時の特定ができるにすぎない。しかし、大事なことは、個々のナウには雨が降ったり風が吹いたりといった固有の気象条件が伴っていたことである。そこで遊牧民は、ある花が咲くとか、家畜の仔が生まれるといった、地上の現象が星のナウと一致することに気づき、これに従って行動する習慣が身についたと考えられる。「地上の現象は、宇宙に支配されて起きる」という実証にもとづいた壮大な思想が生まれた背景である。

彼らのこの宇宙観を日常の生活に応用して、「あの星が夜明けに東の空から昇った。そろそろ雨になるだろう」といって、遊牧民たちは家畜を移動させたり、通過経路のナツメヤシの手入れをした。彼らが、天幕を張っている場所から水場に到達できるのも、旅の途中で牧草や降雨に巡り合うのも、星を読んでいるからにほかならない。どの季節にどの兄弟星が朝夕に昇り、沈むかを彼らは熟知しているので、行き先々で水や牧草を手に入れるためには、いつ滞在地を出立すればよいか、逆算すればよいことになる。したがって、彼らは行動の指針にするために、星の「ナウ」の観察に常に最大の注意を払っているのである。

この原理が十世紀になってコルドバ歳時記に生かされても、「ナウ」が行動計画の指針になっていたことには変わりなく、家畜の交尾・分娩・搾乳・離乳の時期、井戸水の量、通過地点の果物の熟成度、ナツメヤシの収穫期、種蒔きの時期など、およそ彼らの生活に欠かせない事象は、この星の暦に頼っていた。

このように、彼らは地上の自然界を支配している星は二十八あり、これら黄道上の二十八宿の星が十四組のペアを組んでいるとする。しかし、ペアの一方の星が西の空に沈むと、もう一方の星が同じ時刻に西空に沈むまで十三日要する組と、十四日要する組みがあることに、彼らは気がついた。そして、星はちょうど一年後に同じ位置にくるので、二十八のナウがすべて大空を一回りするには三百六十五日かかることになり、太陽暦にきわめて近いことになる。

結局、ナウは現在の感覚でいえば一種の星座の移り変わりのことであり、昔から今日まで伝わっている星座とは、星の組合せの違いということになる。

星座はまとまった一つの星団を神話の主人公や動物の形として捉えているのに対し、ナウでは明け方に東西の反対方向に昇る星と沈み行く星を一つの組として捉えているが、一巡して一年後に再び同じ位置に戻ってくることに変わりない。

だが星座では、たとえば「オリオン座が東の地平線から縦一直線に昇ってきたから、秋が終わった」とか、「オリオン座が南の空に水平線に並んだから、厳冬期に入った」という言い方は可能だが、日時の見方としてはナウの方は正確に捉えられるが、星座の場合では大まかになる。

そこで、この歳時記に見えるオリエントの知恵、さらに十一世紀のセビーリャで、アラビア語で著されたイブン・アワムの『古農書』を参考にしながら、現在のスペイン文化の諸相に、どうつながっていたのかを、季節に合わせながら、あらためて見つめ直してみたい。

原野の春を彩るアマポーラ

コルドバ歳時記への旅

4月　聖週間の後に目覚める大地

スペイン南部のアンダルシア地方に明るい太陽が甦ると、凍てついた大地の底は、長い眠りから目覚める。辺りをうかがうように、雪割り草が地面の壁を突き破って顔を出す。彼らはどうして春の訪れを感知したのか不思議だが、太陽が日に日に高く昇りはじめる頃になると、原野は緑の絨毯に早変わりする。草いきれの中から、淡い雲の流れを見つめていると、姿は見えないが、忙しげな揚げヒバリのさえずりが風に乗ってくる。

そのあとには、すぐに黄色いマルガリータが肩を寄せ合い、赤いアマポーラ（ひなげし）が、原野を埋め尽くしてしまった。手前の丘も、向うの丘も、まるで血の海のように染まっている。地中から湧き上がったエネルギーの凄さには、驚くばかりだ。

春を待ち焦がれていたのは、スペインの農夫たちも同じである。冬の間、村の居酒屋の達磨ストーブを囲み、仲間の農夫や店の主人と、世間話でうさを晴らしていた彼らである。表情にも明るさが戻ったアンダルシアの農夫たちは、朝早くから種蒔きや葡萄畑の剪定に出かける。もう一つ葡萄畑で欠かせない作業は、霜を防ぐために、樹の根元寄せしていた土を崩す「畝くずし」である。

そして畝くずしが終わると、一日の平均気温が十度を超えるようになり、葡萄は発芽を始める。

アンダルシアでは、四月も中旬あたりから、葉が伸び出す「展葉」が見られるようになり、発芽した芽が梢（新梢）となって伸び始める。農夫たちは新梢の根元付近に蕾が付くのを確認して、今から初秋の収穫期までの成長過程を心待ちしながら慈しむのである。

こうして、この国の遅い昼食が始まるまで、彼らは実によく働く。それから、家中でテーブルを囲んで、ゆっくりとした昼食が始まる。だが、昼食が済むとシエスタ（午睡）をし、起きた後はのんびりと過ごす。

農夫たちは行きつけのバール（居酒屋）に出かけて仲間たちと団欒を楽しむが、主婦たちはお喋りしながらもせっせと家事に勤しみ、休むことがない。

春を告げる聖週間

町では、優しい陽光の下で丸坊主だった街路樹に緑が戻ってくると、道行く人々のお喋りも声高になる。みんな春を待っていたのだ。この春の到来を告げる祭典が聖週間であ

4月を待ち焦がれていた葡萄が新しい葉を拡げる

る。

クリスマス休暇が終わって年が明け、一月四日あたりから授業が始まる各地の大学では、六月初旬までの長丁場の中間あたりにあるこの一週間の休みが近づくと、帰省準備や旅行の支度で、学生たちもそわそわしてくるが、休みに入った途端、彼らはいなくなってしまう。スペインで学生生活をしていた頃、がら空きになった学生寮で、ポツンと独りでいるのが、寂しかったのを覚えている。

ところで聖週間はクリスマスと違い、曜日で設定してあるため、毎年日付が変わる移動祝祭日になっている。三月二十一日あたりの、春分後の満月が過ぎた直後に巡ってくる日曜日が復活祭で、その前日までの一週間が聖週間である。

聖週間はこの七日間だが、広い意味での神聖な期間は、二月のまだ寒い時期に行なわれるカーニバルに始まる。カーニバルの終わった次の日の水曜日から四十日間の四旬節に入り、四旬節最終日翌日の日曜日の復活祭で終わる一連の長い期間が、神聖な期間になっている。中世人はこの間、肉を絶っていたため魚への依存度が高くなり、テンプラ（天婦羅）などが定着したとされる。

ちなみにテンプラとはスペイン語でティエンポ（tiempo）、ポルトガル語ではテンポラス

(têmporas) といい、ともにラテン語のテンポラ (tempora) からきた。英語で一時的なという意味になるテンポラリーなども同じ語源である。

つまりテンプラは和食ではなく、南蛮渡来の食べ物で、戦国時代の末期から江戸時代初期にかけて、カステラ(カスティーリャ地方の意)同様、日本にやって来たスペインやポルトガルの神父や修道士たちが伝えたものである。

古来、魚を生で食べる習慣のないスペインでは、油で揚げてレモンをかけて食べていたが、これは今日でもフリッターの名で、現存している。

聖週間には肉食を避ける習慣も、魚への依存度を高めたとみられるが、私がこの国にいた一九七〇年代前半から中頃あたりでは、聖週間に入る前日から、大きな市場のなかの肉屋でもシャッターを下ろしたままだった。

現在ではこの間、午前中だけ開けたり、終日開店している肉屋もあるが、それでも品数は普段の半分程度。その分、賑わうのは魚屋の店頭である。

では復活祭は、なぜ春分後の満月を過ぎた日曜日に設定されているのか。そして「春分後」にこだわった意味は何なのか。太陽が黄道を南から北に向かって天の赤道を通過する春分点の三月二十一日頃を起点にして、北半球では昼間の長さが長くなり、六月二十二日頃の夏至に頂点に達し、九月二十三日頃に北側から南側に通過する秋分の直前までは、昼間の時間の方が長いことは誰でも知っている。

この期間をイスラム世界の科学では、宇宙のエネルギーを意味する「気」が「熱」、残り半年を「寒」の状態にあるとし、キリスト教世界でも、これに近い「太陽の季節」と捉えていた。

春分を起点として太陽が甦ると、自然界も若返ることから始まった春を迎える祭りは、十字架上で死についたキリストの復活を祝う祭りとして、広くヨーロッパのキリスト教世界に定着することになった。暗い冬からの太陽の甦りと、キリストの復活は同一視されるようになったのである。

では満月を意識した意味は何か。明るく地上を照らす満月は徐々に左側から欠けはじめて下弦の月になり、やがて暗闇の新月に入る。しかし、まもなく月は右側から大きくなりはじめ、上弦の月を経て再び元の満月に戻る位相変化の中で、地上は昼間は太陽に支配されていても、夜になると月光に支配されるから、最も明るく地上を照らす満月は、キリストの復活とも結びついたと考えられている。

さらに復活祭はなぜ日曜日なのかとなると、キリストが十字架についたのが金曜日で、ローマ式の換算法では当日も算入されることになり、三日後に復活した日が日曜日であっ

やはり魚屋さんは美人が多いようだ

イカのフリッター。レモンをかける
とさらに美味

たため、その日が「復活を果たした主の日」となった。西暦三二一年のことで、これを定めたのは、ローマ皇帝コンスタンティヌス一世である。

コンスタンティヌス帝は復活日の日曜日である主の日には、すべての仕事を休んで一心に神に祈り、一日神とともに生きる安息日とした。以後、キリスト教世界では、日曜の朝は教会のミサに参列して祈り、その後は休息日とする生活パターンが今日に至るまで定着している。

したがって、聖週間の翌日に祝う春の復活祭が「大復活祭」、毎週巡ってくる日曜日は「小復活祭」。今でも南欧の多くの地方では、日曜日は朝のミサに行き、昼食を一家全員で囲み、完全休養日になっているのも、その名残である。日本の父親のように、日曜日にも働いたり、一人でゴルフに出掛けてしまうのは、罪悪なのである。

だがヨーロッパには、日曜日の概念は二通りある。カトリック系の国のスペイン、ポルトガルでは日曜日をdomingo（ドミンゴ）といい、イタリア語ではdomenica（ドミニカ）、フランス語ではdimanche（ディマンシュ）というように、すべてラテン語のdominicus（ドミニクス）という「主の日」を意味する言葉から派生している。

ところが非カトリック系の国々では、英語のSunday、ドイツ語のSonntag（ゾンターク）のようにいずれも「太陽の日」を意味し、「主の日」よりは、宇宙の万物を支配している太陽の甦り、という伝統的な思考にこだわっている違いがある。キリスト教の根本理念では共通であっても、カトリックと一線を画すためであろう。

ではスペイン伝統の歳時記では、太陽をどう捉えたのか。コルドバ歳時記は先述の通り、東のオリエント文明が西のヨーロッパ文明に吸収された一例で、文明の衝突のエネルギーは、祈りに明け暮れた暗いヨーロッパに明るい灯をともした。この東からの西に向かう文明の流れは、また東の空から昇った太陽が、西に沈む宇宙の法則とも一致していた。西の彼方に沈んでいく太陽は生の時空間を終えると、また翌朝、東の空から甦るから、キリストの尊い姿にも合致した。

さらに南仏のトゥールーズで聖ヤコブの聖体を拝し、ユーラシア大陸西の果て、スペインのサンティアゴ・デ・コンポステーラに向かう、巡礼の道にも通じている。ちなみにピカソの「ゲルニカ」では、人間たちがみな西の空を仰ぎ見ているのは、死の方向を見つめていることを暗示させている。

洞窟民家に訪れた春

春の到来を待ちわびていたのは、都会の人々やアンダルシアの原野だけではなかった。

グラナダから東へ六〇キロ行ったところにある、グァディスという名の洞窟群で知られた町にも春が来ていた。

海抜千メートルのこの小さな町の周囲を、赤茶けた切り立った壁が水平状にぐるりと取り囲み、壁の谷間には、白いカモメの大群が帯状に取りついているように、私には見えた。

だが遠目には垂直に見えた壁も、近くに来てよく見ると、幾重にも折り重なった小さな丘の連続である。そして、カモメに見えた正体こそ、洞窟民家の壁であった。住民たちは正面の戸口の広い壁を、白い漆喰で塗り固めているのだ。

そして冬が去った丘の麓や、中腹の洞窟の暗闇からは、イモ虫がぞろぞろと這い出すように、ジプシーたちが麓の町に降りてくる。

彼らは、目覚めたばかりのフキノトウのような虚ろな目付きで、辺りをぼんやり見回すばかりだ。大人たちはまだ何をしていいのかさっぱり分からず、生あくびを繰り返している。冬眠いまだ覚めやらず……。

だが、子供たちの目は嬉々としていた。早速、ボールを蹴り出す者もいれば、自転車を乗り回してサーカス顔負けの曲芸を披露する。

漆喰を塗り固めた洞窟住居の入り口

現在、このような民家は二千戸に達しているが、人里離れた奥の谷間の洞窟は、廃屋のままになっているものも少なくない。

私が三十年前に現地で調査したとき、洞窟の住民のほとんどは、ジプシーだった。だが二〇〇三年夏に再び調査したところ、通常のスペイン人たちが約半数を占めていることを知って驚いた。

古来人類は野山を駆け巡り、洞窟に棲んだ時代を経験している。だが今日、ごく通常の人間が、洞窟に住むというのは、どういうことなのか、誰でもが疑問をもつに違いない。「洞窟に住むという行為は、動物的である」とか、悪人が棲む特殊な場所という思考が潜在しているからである。

だが現代人が洞窟に棲む思考は、錯綜した人間社会と、近代文明を断ち切ったときの解放感とみることもできる。しかし、たいていのジプシーはこの地に長く留まることはなく、洞窟を出た彼らは、一家総出で馬車を仕立て、明るい地平線の向こうへ旅立って行く。

彼らの出立の光景を見送ったことがある。手綱を取る色の浅黒い三十代後半と思しきオヤジは、つばの広いパナマ帽のひさしの陰から、無表情に遠くに視線を送っているが、助手席の少年と、荷台に乗り込んだ家族は、名残惜しそうに、丘の中腹のわが家を見詰めて別れを告げている。

カタカタ、カタコト。車輪が軋む規則的な音に混じって、幌の横腹に取り付けられた金《かな》盥《だらい》が、調子を添えている。

一家が今度、この洞窟に戻って来るのは、酷暑の夏か、冬がそこまでやってきたときだ。


だが都市に住むスペイン人の中には、酷暑の夏と極寒の冬になる前に、この洞窟に戻ってくる者が増えている。しかも近年ではイギリス人、フランス人、アメリカ人の姿も見られるようになったのである。

なかには、常時洞窟に住みついてしまった人間たちもいる。実際、アンダルシアのほかの山岳地帯の麓にも、スペイン人たちの中に、背広ネクタイ姿で職場に向かう光景が、見られるようになった。職業は教員、銀行員、公務員とさまざまだが、彼らこそ二十一世紀型の、輝けるアンダルシア人なのである。物を持たない文化、光の世界から闇の世界への回帰を志向する人間たちである。

コルドバ歳時記に見る四月

では四月の地上の生き物について、コルドバ歳時記にはどう記述されているのか。これをひもとくと、「季節は春に属し、体質は熱にして湿。気の性質に適し、体液では血液が支配的。衣食住、動作などで最も良いのは温め、適度に溶かし、あまり成分がないものが良し。一年を通じて最も温暖な季節にして、すべての年齢、あらゆる国の人々に快適である。だがこの季節は穏和な体質をもった人間には合うが、冷たい体質の人には不適である」とある。

今日のわれわれは無意識のうちに「体質」という言葉を口にしている。寒さに強い体質とか、暑さに強い体質という言い方をしたり、「喘息を治すには体質を改善しなければならない」といった言い方もする。中世の人々は人間の体も地球上の物体と同じように固有の熱・寒、湿と乾のような性質をもっていると考えていることが面白い。

この四つの単純特質（熱・寒・乾・湿）と四つの複合性質（熱乾・熱湿・寒乾・寒湿）は地上の大気を中心にして宇宙全体にあり、個々の人間も同様の原理の支配下にあるというのがイスラム医学の考え方で、『コルドバ歳時記』でも同様である。

コルドバ歳時記に記された四月の項の、「体液では血液が支配的」という記述は植物にも適合し、この時期を種蒔きの季節としているのは、そのためである。ちなみに三月の項で触れる星のナウでは、「四月六日には暁にバトン・アル・フート（大魚の腹）が東の空に昇り、アッ・シマーク・アル・アアザルが西空に沈む。このナウの間にアラブ人がサイイフと呼ぶ春の雨が降り、一週間後の十三日から三日間シャルキー・ウッ・トッファーフと呼ぶ果物にとって有害な風が吹く。海上の船もこの風を恐れる」となっている。

これは、彼らが長年自然の観察を積み重ねてきた統計の中から確率を割り出し、これを星の暦に当てはめて日常生活に応用したものである。

したがって、四月六日以降の「ナウ」には、来年もその次の年も同じ雨が降り、同じ風が吹くと予測しているのである。この予測が成り立つためには、過去長い年月の間、同じ時期に同じ現象が起きたことが根拠になり、やがて彼らは地上の自然現象は、星の支配によって起きていると考えるようになった。その結果、あるナウの期間に入ると、人が病気になったり、家畜が交尾を始め、ラクダの分娩が始まり、特定の渡り鳥がやって来たり帰ったり、果物が熟したりするすべての地上の現象は、その星のナウによって起こると考えた。

ただし、コルドバ歳時記は、すべての自然現象が星のナウによって決まると規定しているわけではなく、月の位相変化にも注目していることである。たとえば種蒔きは、四月六日以降のナウで、春雨が降ることを予測しているほかに、満月には体液の循環が激しくなって、「湿」が最高点に達することから種蒔きや接木《つぎき》に適し、反対に収穫には適さないとしている。作物の収穫作業、外科手術などは、体液が鎮静化する新月の「乾」にするようと言っているのである。

飲酒を禁じているイスラム教では、葡萄に関する記述は食用に限定されているが、キリスト教徒は現在でも、葡萄の剪定や収穫は新月に、樽への仕込みは、体液の循環が活発化する満月にするように、コルドバ歳時記には書かれている。

5月　蜜蜂の群れを追う人々

五月は、新緑が目に眩しい光の輪の中を行く人々の顔に喜びが溢れ、道行く彼らの動きがもっとも速く、市場の店員たちの掛け声が一段と高くなるのも、この季節である。

だが誰よりも春の到来を心待ちしているのは、スペイン北部ピレネーの麓で、花の移ろいを追って移動する養蜂家たちだ。春の訪れの遅いこの地方では、五月後半になると、ようやくマルガリータが咲き始め、アマポーラ、タンポポがすぐ後に続く。種類が多く、花の季節も長いので、ピレネーの山懐に入っていくのは、初夏になってからである。

それはピレネーを越えた南仏でも同じで、養蜂家たちは巣箱を仕掛けてのんびりと春が行くのを待つ。彼らは初夏の頃にはローヌからさらにブルゴーニュへと北上し、盛夏の頃にはアルプスの麓からさらに中腹まで登っていく。雪の消えたアルプは、キンポウゲやアルペン・ローゼ、エーデルワイスが咲き誇るお花畑である。

スイスで登山に熱中していた若い頃、私は休養日になると下山して、雪解けの後を追ってアルプを登ってくる養蜂家や牛の群れを眺めるのが好きだった。彼らの季節を棲み分け

ピレネー山麓の春の訪れはおそい

アマポーラは４月後半になってから咲く

て移動する様は、研究フィールドにしていた比較文明論の世界の、ヒントにもなっていたのである。

シャブリの朝市

養蜂家たちが集めた蜂蜜は、季節と地方によって花の種類が異なるから、その分味覚もまちまちである。だが総じて、アルプスの麓や南仏のワインの里に近いところで採れた蜂蜜の方が、荒々しい気候風土のスペイン産よりも香りがまろやかなものが多いようである。

フランス・ボルドーのワイン街道よりも東寄りの、ブルゴーニュ地方から少し外れたシャブリ村。私が訪れた翌朝は日曜日で、オテル・ドゥ・レトワールの前の本道は車の通行が禁止され、朝市が立っていた。鉢植えをたくさん持ち込んだ花屋さん、即席の台の上にニンニクの山を築いた農夫、もぎたての果物のほかに森で採れた茸を売る太った農家のおかみさん、地卵と生きた鶏やウズラ、アヒル、ホロホロ鳥を売るお兄さん、家で造った生ハムや大きなチーズの玉を売るおやじさんなどが、客に向かって声高に呼びかけている。交渉がまとまり、大きな買物袋を両手に下げた人たちが家路に着くと、新たな買い物客たちが入れ替わりにやってくる。

屋台には香味野菜や香辛料を売る店もある。ハーブスパイスの類では、われわれにはなじみの深いパセリ、クレソン、月桂樹のほかに、オレガノ、ローズマリー、バジル、マジョラム、ミント、ディルもあるし、シード・スパイスでは胡椒、サフラン、シナモン、バニラ、ケッパー、ナツメグ、クローブも朝露に濡れたまま売られている。

これは食卓に並べられるスパイスの類にとどまらず、四季折々の草花や、香りの強い野菜、蜂蜜や茸の類など、枚挙にいとまがない。

フランスといえば香水を思い浮かべる人も多いように、この国には独特の香りの文化があるように思えるが、ワインも香りの文化の重要な一員のはずである。

シャブリ村にはパリの街角で見かける粋なファッションのマドモアゼルや、澄ました紳士淑女は見かけないかわりに、土に生きる人たちの、素朴でたしかな生きざまの人間社会がある。これもまた、もう一つのフランスの顔であろう。

私は人なつこそうな老農夫から、自家製のロイヤルゼリー入り蜂蜜の中ビンを七十フランで買った。爺さんはさらに別の二十五グラム入り純粋ロイヤルゼリーの小ビンを箱の中から大事そうに取り出すと、百四十フランにしておくからこれも買えとすすめた。最近、体調がすぐれない家内の土産によさそうだったので両方買ったのだが、二百十フラン渡すと、爺さんは十フランを返してよこした。

日本に帰ってから、蜂蜜の方はすぐに家族のお腹に納まったが、純粋ロイヤルゼリーの方はなんとも形容のしようがない妙な味がして、食物として摂取するのがためらわれた。傷口の膿のような物体をしげしげと見ていた家内は、これはきっと顔に塗るものに違いないと決めてかかっていたが、その後、ビンの中身はどんどん少なくなっていったところをみると、化粧品にされてしまったらしい。しかし、彼女に別段色っぽさが増した気配もなく、これは受け入れ側に問題があるに違いないと思われた。

この季節、スペイン中部のカスティーリャや、南のアンダルシアでは、春は瞬く間に行ってしまう。五月の『コルドバ歳時記』でも、十五日の項に「スライヤー（日本では「昴」）が昇り、植物は枯れはじめる」とあるように、五月も中旬ともなれば激しく燃え出した太陽の下で、あれほど咲き誇っていた花々もドライ・フラワーになってしまう。

そこでこの地方の養蜂家たちは、五月の声を聞くと、グラナダ山中をめざして南下を開始する。

この頃、グラナダのシエラネバダ山系では、麓から中腹一帯の木陰に巣箱が見られるのも、初夏の風物詩である。そして五月末、北側斜面に回った蜜蜂たちを追うように、巣箱も北側に移動していく。地形から植物の生態系まで熟知した養蜂家たちは、独自の花暦をもっているのだ。

この頃、巣箱の中に一匹だけ君臨する女王蜂は、せっせと産卵にいそしみながらも、働き蜂の群れを指揮するのに忙しい。しかし、女王蜂に群がるオスたちは、女王に卵を産ませるだけである。

ワインの里

古来、南欧の国々の生活誌に欠かせないのはワインだったが、実際ワイン文化は、日々の生活の営みに深く浸透してきた。スペイン北部のナバラ地方はリオハ（rioja）ワインの産地として日本でも知られているが、土地の人々は、「主から与えられた葡萄が大地を潤し、ワインがわれわれの心を清める」と、胸を張る。

現在では個々の生活パターンが多様化して、以前ほどではなくなったが、スペインの家庭では、昼食は一家揃ってテーブルを囲む習慣が中世以来残っていた。この傾向は田舎にいくほど顕著になるが、スペインでは今でも、昼食は全員揃ってテーブルを囲む家庭が多く、テーブルには決まってワインのボトルが置かれる。ナイフでコルク栓のカバーを器用に剥がして栓を抜き、みんなのグラスに注ぐのは父親の役目である。

しかし都市の住民は、自分の出身地のワインをこよなく愛してはいても、銘柄に拘っている様子はないが、その分、拘りが強いのは地方の人々である。自分たちと同じ風土で育まれたワイン、地元産の羊や山羊、豚の肉、チーズや生ハムを前にして、神に感謝の祈りを捧げた後に、美味しくいただいている光景は微笑ましい。人間と風土の共生と両者の一体化であり、ここにスペイン固有のロカリスモ（愛郷主義）の原型を見ることになる。

しかし都市型の生活では、食事に過大なほど家族の絆が負わされていたパターンが薄れるにつれ、絆そのものが薄れてきているようにみえる。

だが彼らにとってのワインは、日本のワインのあり方と相違をみせる。一般に日本ではワインは、みんなで夕食のテーブルを囲むときや、レストランできちんとした食事をするときに限られていて、少なくともヨーロッパのように、朝夕立ち寄ったカフェや居酒屋のカウンターで気軽に飲むようなことはない。

スペインでは、「ウナ・コパ・デ・ビノ（グラス一杯のワイン）でも飲もう」は、日本で言えば「お茶でも飲もう」という意味である。したがって、われわれ日本人のように、「酒を飲む」こととは感覚的に隔たりがあり、一息入れるために立ち寄った居酒屋で、店の親父さんや仲間同士との、会話の潤滑油の役を果たしている。

産地ならではのワインの計り売り

ワインを広めた教会と修道院

ヨーロッパのワイン造りの隆盛の背景に、キリスト教の浸透と、食肉文化があると指摘されている。キリスト教ではワインは主の血であり、エルサレム郊外で古来、葡萄が生産されていた。旧約聖書の中にも、ノアが妻子とともに方舟で漂着し、農夫となって葡萄を栽培し、夜には葡萄酒を飲んでいる模様が記述されている。

聖書の中に最も頻繁に登場するオリーブ、葡萄、そして羊は、南欧では、有史以来最も深い関わりをもってきた。

その痕跡を遺しているのは、教会や修道院、貴族の館だが、古い民家の地下室にもワイン倉庫を持っているのはめずらしくなく、ワイン樽がいくつも残っている。ワインは生活に不可欠だったから、広大な所領内で、葡萄を栽培していたのである。

車でスペイン中の古い城や教会、修道院を訪ねた折、多くの場合、地下室に酒蔵があり、自家製のワインを造っていたり、自分たちの所領で造られたワインの貯蔵設備があることに、あらためて驚いた。

シトー会修道院の一一六四年と一一八七年の記録にも、聖職者の昼食には二皿が供されるほか、四分の一リットルのワインが供されたと記されている。聖職者たちの儀式や日常生活に、ワインは必需品だったのである。

葡萄畑を巡る

スペイン中央部の大地ラ・マンチャや、南のアンダルシアに広がるワインの里を観察に出かけると、春浅い三月はまだ大地に残された短くて太い株は、ようやく芽吹き始めたばかりである。それでも冬の間、霜から防ぐために根元に寄せていた土を崩す「畝くずし」の作業を終えた四月、葉の成長は勢いを増し、五月ともなれば、新梢の根元付近についた蕾が成長期を迎えようとしている。

だが朝夕の気温が低い、北のリオハ地方の葡萄畑では一ヵ月ほど時期にずれがあり、ピレネーを越えた南仏の産地にほぼ近い。

車でピレネーを越えてフランスに入り、大学の教え子の榊原崇弘君とディジョンで落ち合って、ボルドーとブルゴーニュ地方のワイン蔵と葡萄畑巡りをしたことがある。彼は今でも頻繁に現地のワインの里に行って研究しながら、東京三鷹の商店街に高級ワインを扱う店を構え、特定のワイン商に与えられるシニア・ワイン・アドバイザーの資格ももつプロ。今でも私にはワインの指南役である。

「ワインの出来は、その年の気候、畑の高低、土質など、様々の要因によりますが、それでも、理屈通りの結果になることもあれば、まったく想像しない味わいになることもあります。そこがワインの楽しさでもあり、ワインが人間の技術を超越する飲み物たるゆえんです」

と彼は言う。

私にとって、南仏とスペインの葡萄畑やワインの薀蓄《うんちく》は、彼の教授によるところが少なくないが、以後私が独りでイタリアやポルトガルのワイン産地を車で巡ることになった仕掛け人でもある。

ワインには、「旬」という季節の感覚とは関わりが薄いものの、個々の風土の固有性は守られてきた。とくにスペインの葡萄畑の土壌は、石灰質の白色系からグライ土壌、砂質ないし小石の入り交じった礫質土壌などさまざまで、土性も粗粒質から中粒、細粒、微粒にいたるまで多岐にわたっている。これらに、激しい気候の変化が加わった環境の多様性が二百種以上の葡萄を生み、その結果ワインの種類も多くなっている。

遠隔地の名産のワインが容易に手に入り、それが当たり前の今日では、飲み手の側の感性が均一化してきているが、「おらが村のワインが一番」と思っている人が多いスペインでは、人の心に内在する精神風土の固有性も、健在のようである。外国人からは、ときに偏屈だとして批判を受けるロカリスモ（愛郷主義）は、「固有文化の喪失」を防ぐ砦なのである。

星と太陽と月

だがスペインの五月は、末ともなれば太陽は赤々と燃えて、地上のすべての水分を奪ってしまう夏の始まり。このため、伝統的に農業と牧畜を経済の柱にしてきたこの国では、移動性牧羊業に従事する人間たちは羊を連れて北に上り始め、一方畑では、乾燥に強い胡麻、麻、粟、稗の類のように、ごく限られた作物だけしか蒔くことができない。

五月は人も動植物も活動が活発な時期であるが、その中にもいくつかの度合いとパターンがあるのはなぜなのか。そこで先にも触れた五月のコルドバ歳時記の記述を、もう少し詳しく見ていくことにする。

コルドバ歳時記の原理の特徴は、「ナウ」の巡り合わせが主人公になってはいるものの、太陽の運行と、新月から上弦の月、満月、そして下弦の月に至る位相変化も、一緒に組み合わされていることにある。太陽は地上の「熱」「寒」の要素を支配し、双方が入れ替わ

北上を始めたラ・マンチャの羊

る時期は、黄道を動く太陽が天の赤道を南半球から北半球へ横切る春分点と、北半球から南半球へ横切る秋分点であるとしている。

つまり大気中のエネルギーである「気」が、春分点を境に昼間の時間が長くなるので太陽が支配的になる。「気」は「熱」になり、秋分点からは太陽が退潮期に入って「寒」になる。

これとは別に、地上の「気」は冬と春は「湿」が優勢になり、靄《もや》や霧が沸き立つのはそのためということになっている。そして夏と秋は「乾」が優勢になるといっているが、ここでいう「湿」と「乾」は、満月を湿、新月を乾とする月の位相変化によるものとは別の見方になる。つまり太陽の影響による「気」の四つの性質、熱・寒・乾・湿に月の支配する度合いを基準にした物体の湿・乾を加えて判断しているのである。

したがって、まず太陽の運行を基準にして、春分点を過ぎると気は熱にして湿、夏至点からは熱にして乾、秋分点を過ぎると寒にして乾、冬至点からは寒にして湿ということになる。

このことから、たとえば熱にして湿の体質の者は、春先からは健康になるが、秋分点を過ぎると、気がその人の体質とは反対の寒・乾になるために、病気にかかりやすいという。

しかし、これは四季の変化によって天地に存在している「気」が、どのように人体や物体に影響を与えるかと言っているに過ぎない。

そこで、さらに星のナウと月による湿・乾の性質を加え、宇宙の法則と一体化した影響を細分化して見ているのである。

結局、コルドバ歳時記は、地球上の人間が星・月・太陽の運行の原理をどのように日常の生活の中に応用するかといった「知恵袋」のことである。宇宙の原理と、地上の自然界の事象との関わり合いを、日常の農作業や牧畜管理、人間の健康維持の中に巧みに応用した暦ということになる。したがって、〝何をいつ為すべきか〟という年間予定表といってよいが、結果的に、農牧民が束縛と閉鎖的社会を自ら形成していくことにもなった。それまでの自由な行動が「予定表」をもとにしてルールにのっとった行動に変わり、定住化が強化されたことにより、自立した社会が生まれた一方で、排他的な思考が育まれたからである。

ところで、コルドバ歳時記では、星の運行でさらに日付を限定している。たとえば五月十五日は、「暁にアル・イクリール（王冠）が西に沈み、青白いスライヤー（昴）が東の空に昇る。これは暑さが厳しくなり、病気が起きやすい不吉なナウであるから、熱・湿と合わない者は要注意。熱風やバワーリフ（風の名称）のような土埃を伴った夏の熱風が吹き、植物も枯れる」と言っている。

枕草子に「星はすばる」と讃えられ、清少納言が魅了されたこの星も、イスラム世界では不吉の星とみなされ、敬遠されていたのである。

ちなみに日本では冬の星座の出現の前ぶれとして、晩秋の東の空に昇ってくるのが昴。そして昴の下の明るい星がアルデバランで、「後に従うもの」という意味のアラビア語に由来する。この二つの星を中心にして六つの星がVの字をつくって牡牛の角に似ているところから牡牛座といい、六連星《むつらぼし》といったりもする。

しかし、コルドバの暦では牡牛座の中からスライヤー（昴）だけに注目し、アル・イクリールという星と兄弟星として、沈みゆくナウで地上の自然の変化を判断しているのである。

なお、歳時記ではスライヤーが昇ると熱風が吹くことになっているが、コルドバ地方の天候の記録を調べても、この季節にはワガラートやバワーリフに相当する熱風は見当たらない。おそらく、オリエントの砂漠の厳しい現象が、そのままイベリア半島に持ち込まれている例の一つと考えられる。

6月　夏を迎えた大地

五月のカレンダーがめくられて六月に入ると、スペイン各地の大学では、九月末まで四ヵ月の長い夏休暇に入る。待ちかねていた学生たちは、急ぎ郷里に向かったり、旅行の準備に追われる。ジューン・ブライドという言葉がある英国などでは、もっともすがすがしい季節なのに、スペインでは厳しい夏日の始まりである。

私の場合は、七月からスイスへ登山に出かける準備の合間に、愛用のホンダ五〇CCを駆って、ラ・マンチャや南のアンダルシアの熱い風の中を走っていた。

ひまわり畑の黄金の海を過ぎると、赤い土に影を落としたオリーブ畑は、地平線の彼方まで黙したままである。ローマ人農学者コルメラは、「農業は土に描く芸術である」と言ったが、その色彩の深さと壮観さに胸が熱くなる。

オリーブはスペイン全土に二億本もあり、これは国民一人当たり五本に相当する。一本の樹から五十キロの実が採れ、精油すると二十五リットルになるそうだ。塩漬けにされて食卓に上る分を差し引いても、気の遠くなるほどの量である。

だが乾燥した大地に強いオリーブは、剪定作業から収穫に至るまで、人力に頼らざるを得ない。時期のずれに応じて移動していく季節労働者や、ジプシーたちの活躍の場となるが、収穫は九月に入ってからである。

一方、小麦畑では収穫期を迎えていた。私の若い時代、小麦畑にはすでに大型コンバインが導入され、赤味がかった黄金色の粒を取り込んだ後の麦藁は、機械的に形よくロール播きされて放置されていく。その後には羊の群れがやってきて、落ちこぼれた麦粒をせっせと食んでいく。

羊の群れが通過していくと、農夫たちは風上から切り株に火を放ち、焼畑する。その後は晩秋の雨に打たせ、一年間休耕に入ることになる。焼畑による灰が酸性土壌を中和し、一年寝かせて地力を回復させる効果が、後述のイブン・アワムの『古農書』に記されている。そこには灰を語源にもつアラビア語の「アルカリ」という言葉が出てくるが、イスラム科学が、一千年も前からスペインに導入されていたことを示している。

六月に入った葡萄畑では、蔓と葉が大きく伸びて大地を覆い隠し始める。スペイン北部のリオハや、フランスのボルドー、ブルゴーニュでは、風通しを良くするために、蔓と枝葉は支木に巻き付いて上に伸びていく。だが「雨は地上から天に向かって降る」といわれ

春が過ぎるとオリーブ畑に変化が生まれる

6月を迎えた葡萄畑

るほど乾燥の激しいラ・マンチャやアンダルシアの葡萄畑では、地上を這って四方に伸びていく。地表を覆い隠して乾燥を防ぐのである。

表土を起耕する「中耕」という作業を繰り返しておくのだが、一見すると蒸発を誘発してしまうように思われる。だが毛細管現象によって地中の水分を地上に放出してしまう気孔を切断し、保水に努めているのである。

この知恵は十二世紀のイスラム系農学者イブン・アワムの『古農書』に、詳細に記述されていた。アワムはアンダルシアのセビーリャに生まれ育ち、『コルドバ歳時記』の百数十年後にアラビア語でこの農書を著した。

コルドバ歳時記を元にして科学的、実践的に解説した農業の手引書であるが、夏の記述の特徴は乾燥対策、なかでも天候の予測に神経を注いでいる。

だが同じ南欧でもフランスのワイン産地では、葡萄の成長過程でも、事情がだいぶ違うようである。

私の教え子で、前出のワイン専門家榊原崇弘君はこう言っている。

「六月は開花して、雌芯に小さな緑の果実が結実する時期です。葡萄畑では、新梢固定（新梢をワイヤーに固定する作業）、農薬の散布（トレットマン）、余分な葉や枝を切り落とす夏季剪定、余分な房を落とす摘房、雑草を取り除く除草などの作業を行ないます。

この季節は、開花がいつになるかが、最大の関心事なんです。開花から約百日後に収穫を行なうために、重要な収穫時期がいつごろになるかが決定されるのもこの時期です。

つまり五月初旬に開花する年もあれば、六月中旬以降に開花する年もある。五月に開花すれば、八月中の暑い時期の収穫になるし、六月中旬を過ぎて開花すれば、収穫が十月にずれ込むことになります」

たしかに自然は気まぐれで、気候や天候は複雑な物理的要因によって、いくらでも変化する。現代のように科学的にすべてが高度に分析され、管理される時代であってもなお、自然現象の変化の予測は難しく、スペインでは、古来コルドバ歳時記で予想していた意味もそこにあったわけである。

ましてや、ワインのようにデリケートな風味を楽しむ文化の世界では、自然の力に忍従しつつも、どう対抗するかが問われている。榊原君はこう言った。

「この時期、日中の気温は高くなりつつも、夜間が冷え込む気温の変動幅が大きいのが、ブルゴーニュの大陸性気候の特徴です。

開花間近、もしくは開花後の大切な季節に、夜間に零度を下回る日があったりすると、〝花振い〟という、花が多数開花しても、着果がきわめて少ない現象が起きて結実不良となり、その年の葡萄は壊滅的なダメージを受けることもあります。

昨年五月、現地に行ったときは、開花間近まで成長していたにもかかわらず、夜間に零度近い気温になり、畑に霜が立つ日もありました。その結果、九月の収穫は収量減になってしまいました」

卓上のワインの薀蓄もいいが、生産地とそこに生きる人々の顔が見えてくるようなワインは、また風味が違ってくるように思えるのである。

自然の観察能力

コルドバ歳時記に記述されている六月十日のシャウラのナウでは、バワーリフという熱風が吹き、昔からアラブの軍隊は、砂漠の陣地から本拠地や水場に引き上げたと記されている。しかし、この熱風はアラビア半島固有の激しい季節風で、一九九一年の湾岸戦争の際、米軍を主力とする多国籍軍は、この季節風が来る前に、作戦の早期終決を画していたことは記憶に新しい。

前述のように、コルドバ歳時記は一年の予定を立てる暦であり、今日、明日のような身近な時間帯の中では、農耕民は風、雷、雲、太陽、月の形などをつぶさに観察し、より現実的な自然現象を能動的に捉えることによって、農作業の指針にしていた。

たとえば月の場合、満月でないときには角に鋭い観察の目を向けた。光の色や、その部分がどの程度鮮明かによって大気中の水蒸気の状態を把握し、天候を予測しているのである。月の両端や満月の輪が明瞭ならば晴天で強風の前兆、太陽の場合では光線に赤味が強いか、黄色の朝焼けは寒波の到来、物体を照らす光が複雑に乱反射している場合は、降雨が近いとされた。

太陽光の乱反射や星の瞬きが降雨の前兆とみなされるのは、大気中に水蒸気が多いために、直線状に進むはずの光が、乱反射によって屈折しているとみているからである。

雲は下辺部が黒く、下垂状に形が崩れている場合には雨となり、稲妻が二回光ればワリフ（walif）と呼んで降雨が確実、南北に稲妻を同時に見れば冷気を伴う北風が吹き、間もなく晴れるといった具合で、現代人より遥かに鋭い観察力を身につけていた。

今日のわれわれは、近代科学を背景にした豊富な情報源をもっているために、自然現象の観察力が失われ、情報を断たれた場合には、海や山で思わぬ事故を引き起こす場合がある。しかし、このような先人の知恵を見ると、彼らにはこの種の事故に遭遇することは、今よりはるかに少なかったのではないだろうか。

コルドバからグラナダへ

私はラ・マンチャを越えて、コルドバからグラナダへ旅するのが好きであった。そこはどこまでもオリーブ畑の海である。

やっと着いたグラナダの町。町中では赤々と終日燃え盛るアンダルシアの太陽の下で、みんな当惑した表情を浮かべている。しかし、太陽が赤い大きな球となって地平線の彼方に沈んでゆくと、やっと生気を取り戻す彼ら。

この頃になると、一軒の白い家の窓辺から、ギターのすすり泣きに乗せて、腹の底から絞り出すような、錆びた男の歌声が流れてきた。ふと足を止めた異邦人の私は、幻想の闇の淵に立たされた旋律に、身震いするばかりである。

どこであったか、しかとは思い出せないが、どこかで聞いたことがあるような旋律である。ずっと以前、地の底に沈んでいった人たちの、魂が甦ったのかもしれない。とにかく、私がまだこの世に生まれてくる前に、どこかの世界で聞いたような気がしたのである。もしかしたら、魔法の世界に迷い込んでしまったのか。私はそんな気に陥ってしまっ

グラナダのアルハンブラ宮殿

た。

日中はイチジクやザクロの木陰に佇んでいた黒い彫刻のようなジプシー。洞窟の闇。神秘的で哀調を帯びたグラナダは黒のイメージである。

「グラナダには、深遠な魂が宿っている」。この地に生の時空を刻んだ人たちは、一様にそう自慢する。そんな土地柄が、あのアルハンブラ宮殿を生んだのかもしれない。十九世紀の中ごろ、この地に四年間住んだアメリカ人ワシントン・アーヴィングは、『アルハンブラ物語』を書いたことでも知られる。

アーヴィングは「あの宮殿は、アラビアン・ナイトの魔術的な眩さのトーンを、グラナダのフォークロリスティックな幻想の輝きが鎮めているが故に、かくも美しいのである」と書いている。

グラナダの朝市

日曜と祭日の朝は、細い路地が碁盤の目のように交差する町の一角に、朝市が立つ。路地にビニールを敷いて、玉ねぎやニンニク、赤唐辛子の山を築いた農夫、地卵と生きた鶏やウズラ、自家製の生ハムやソーセージ類、大きなチーズの玉を売る親父さんなどが、声高に呼びかけている。なかには仔山羊、仔羊の毛皮、大きな牛の毛皮をロープに吊るして売っている夫婦もいる。彼らは動物の解体職人と、革の加工職人との間にいる人間たちに違いない。

屋台には香味野菜や香辛料を売る店もある。われわれにはお馴染の月桂樹、パセリ、クレソンのほかに、オレガノ、ローズマリー、バジル、マジョラム、ミント、シードスパイスでは胡椒、サフラン、シナモン、バニラ、ケッパー、ナツメグ、クローブも売られている。

フランス同様、コルドバや、グラナダ、セビーリャにも独特の香りの文化があるが、ワイン同様に花や香味野菜も香りの文化の担い手である。

これは乾燥したイメージが根強いアンダルシアでは、一見すると不思議に見える。だがコルドバ歳時記の背景になったイスラム世界では、逆のベクトルが働いて、ことのほか植物、花への思い入れが強い。薔薇の花を浸した水を蒸留して作る香水、砂糖水に蜂蜜、サクランボや林檎、西瓜などの果汁を加えたシロップの作り方が、イブン・アワムの古農書には書かれているし、アラビアン・ナイトの物語にも出てくる。

花といえば、コルドバは今でも迷路のような家並みの窓辺に咲き誇る「花の小道」で知られ、セビーリャは「花の都」「花祭り」の町である。

セビーリャの花売り

だが山中に入ったグラナダは、いささか事情が違っている。背後のシエラネバダ山系から流れ出す水晶のように鋭角な伏流水が豊かに注ぐから、一口にアンダルシアといっても、「干上がった大地」「塩吹き沼」「塩湖」とは無縁の世界だが、花とゆかりのある町でもない、深遠な翳《かげ》りと妖艶な町。

「塩吹き沼」とは、騎士の主人公と従者が夏のラ・マンチャを旅する『ドン・キホーテ』の物語に出てくるが、岩塩を溶解した泉の水が涸れ、ブクブクと塩を吹く状態をいう。岩塩が至る所に剥き出しているスペインでは、湖水はたいてい塩辛いが、夏には水が涸れ果て白い砂漠になるのが「塩湖」。今でも夏になると、ラ・マンチャやアンダルシアに出現する。

病気対策

夏の乾燥対策と並んで、コルドバ歳時記には病気対策が書かれている。六月、暁にシャウラが西に沈み、ハクアが東に昇る時期、薬草を練り合わせて丸薬にし、毒蛇をぶつ切りにして煮詰めた肉団子が、毒蛇やサソリに噛まれたときの治療薬として、コルドバ歳時記に登場する。これは「毒には毒をもって制す」の実践版である。

だがコルドバ歳時記を読むかぎり、眼病の記述はあるのに、他の病気については具体的な病名などが明記されていない。古いアラビア医学書の類に目を通しても、天地の気と固有の体液などのバランスや、運動・消化・排泄・感情のコントロール機能、睡眠のバイオリズムのような、病気になる原理はこと細かに記述されているのに、病名がほとんど登場しない。

言語学者の中野暁雄氏がモロッコのオート・アトラス山系のベルベル人の村で病気の治療法を聞き取り調査したおり、数が少ないのでさらに詳しく聞いてみると、村人は病気にかからないという返事だったという。こんな話を聞くと現代人の病気は、自然と人間との関係にバランスを失っていることが起因しているように思えてくる。

7月　オレンジの里を潤す水路

『コルドバ歳時記』では六月の項に、夏の病気対策に触れてあるが、砂漠には固有の病気があったのだろうか。七月十七日の暦では、

「アッ・シイラー・アル・アブールが昇る。この星が昇ると有毒な夏の風バワーリフが吹き、あらゆるものが干からびて砂塵が舞い、眼病を患うものが多くなる。角膜の星や他の眼病にもウイキョウを入れたザクロの汁から製した眼薬を用いるがよい。熱風が一番激しい時期ゆえ過度に活動するのは悪し、さりとて怠惰に過ごすも悪し」とある。

砂塵が舞って眼病が多いといっているが、砂漠での現象であり、イベリア半島内のことではなさそうである。

猛暑の時期の過労も戒めているが、怠惰であることもかえって体に悪いとも指摘している。これは日本の小学校や中学校で、夏休みを翌日にひかえた一学期の終業式に、校長先生が「暑いからといって、ただぼんやりしていてはかえって体に悪い」と訓示しているのと同じである。

現在でも真夏のスペインやイタリアでは、働き者の女性たちが木陰でせっせと編み物などの手仕事をしている光景を見かける。ただし、男たちが働いている光景はまれである。アラビア医学では個々の人間に内在する「気」のことに言及しているのであって、日本語の「元気」という言葉が、「天地の間に広がり、万物生成の根本になる精気が体内に宿している」という、仏教思想からきている本来の意味に近いと解される。

バレンシア・オレンジの里

もう三十年も前になるが、私は地中海沿岸のバレンシア地方を、研究フィールドにしていた時期がある。まず入ったのは、バレンシア市北方に広がるオレンジ畑。バレンシア・オレンジは千年も昔からこの地に住み着いたイスラム教徒たちが慈しみ、育ててきた果物であることは、意外と知られていない。そもそもオリエント世界では、柑橘類の栽培が盛んで、果物は食物というよりは、喉の渇きを潤す飲み物の感覚で摂取されてきた。

現在でもバレンシアでは、市内を流れるトゥリア川を越えるとすぐに、見渡すかぎりオレンジ畑が見えてくる。川幅百メートルのトゥリア川の両岸では、左右それぞれ四本の水路から水を引き、一万五百ヘクタールものオレンジ畑を潤している。

川の取水口は、上流の水路ほど有利であるから、かつての王領地のオレンジ畑を潤す王立水路は、最も上手にある。この水路沿いに車で五分走ると、取水口に出た。真夏のこの時期、川の水量は下がっているので水門を閉鎖して水位を上げ、径が三メートルほどの旧王立水路に激しく流れ込んでいた。

八本の主水路のうち、かつての王領地、貴族、騎士団領などに向かう水路のほかに、民衆の用水共同体の水路もあった。しかし彼らの間で渇水期に繰り広げられる権力闘争が激しかったことを、今に残る資料は物語っている。水のあるところ、争いがあったのはどこも同じで、河川のリバー（river）はライバル（rival）と同じ語源であることからも窺える。「灌漑」の「灌」は水を引く意味であるが、「漑」は酒を飲む意味になり、水を巡って黄河流域で争いが起きたとき、双方の村人が酒を酌み交わして和解した故事からきた言葉だそうだ。

私がバレンシアのオレンジ畑の調査に訪れたときも、主水路から流れ込んだ水は、細分化されて辺り一帯のオレンジ畑を潤していた。オレンジ畑の規模に応じた水路の幅、流水量が九世紀、アラビア人たちがこの地を治めていた時代から決められ、運用されていたのである。

中世以来、各水路に水役人を配して違反行為を取り締まってきた。バレンシアには十五世紀の水の裁判記録が残されていて、一四八六年を例に取ると、この地区の違反行為が四百九十二件あり、そのうち四月と八月が集中的に多くなっていた。四月は、植物がもっとも生長する時期、八月は渇水期であることに起因していることは明らかだ。

さらに、この裁判記録を見ると、十五世紀当時、国外追放を逃れてこの地で野菜やオレンジ栽培に専念していたイスラム教徒の場合は、キリスト教徒よりも五〇パーセントも高い水利税と罰金を支払わされていたことが分かる。

水路の下流では、水を都市の上水道として利用していた時代であるから、水質の保全にも気を遣っていた。そのために、水路に水を飲みにくる家畜、とくにスペイン経済にとって重要な羊、牛の飼育頭数さえこの地方では制限していたほどである。ところが、夜の闇に紛れて洗濯にくる女性もいた。しかし違反行為の大半は取水時間制限の不履行、隣の畑を潤している用水を、自分の畑に引水する行為であった。

水役人に捕まると、バレンシアのカテドラルの入口付近の広場で行なわれる裁判に出頭しなければならなかった。この水裁判は現在でも同じような形式で行なわれ、私も傍聴したことがある。呼び出された違反者が、槍を高くかかげた水役人に先導されて被告席に着くと、七人の判事（実際は各水路の水守り）により、事情が聴取されて罰金額が決められる。

この日の違反者は四十がらみの貧相な男で、指定日に妻が病気で水を引きそこなったので、翌日、勝手に水門を開けて自分の畑に引き入れているところを捕まった、不運な男だった。

中世以来、同じこのカテドラルの入口の外で水裁判は行なわれ、その日が木曜日であることも昔と変わっていない。当時、農民の中には異教徒がいたため、カテドラル内部の施設は使えなかったのである。金曜日はイスラムの安息日、土曜日はユダヤ教徒、日曜日がキリスト教徒の安息日であったため、結局、木曜日に裁判をすることに落ち着いた。この三つの宗教の葛藤は、中世スペイン社会の宿命であった。

それはともかく、この大がかりな灌漑施設の構築は、表土の中耕によって水分の蒸発を防ぐ発想を、さらに推し進めた積極型の治水運用である。トゥリア川にダムを構築して水位を上げ、用水堀を張り巡らせて、周年の稼働を可能にしたのは、コルドバのカリフ王国最盛期の十世紀、アブド・ラフマーン三世時代のことである。

だが一四九二年に、レコンキスタが終わってキリスト教徒がスペイン全土を支配するより以前、十三世紀の中期に、バレンシア地方がキリスト教徒側の手に落ちると、この戦いに功績のあった貴族や王の領地となったため、わずかに残留を許されたイスラム教徒たちも、迫害や高い水利税に音を上げて逃亡の道を選んでいった。

彼らの逃亡先は北アフリカであったが、なかには、バレンシアの南六〇キロのハティバ

水裁判には多くの傍聴者が詰め掛ける

オレンジの里　オリウエラの水車

の山中に逃れた者もいた。ぐるっと山に囲まれた擂り鉢状のこの地で、カナートと呼ばれる深さが三百メートルにも達する縦井戸を何本も掘り、水脈から流れ出す水は連結された底部のチャンネルを通って外に出ると、斜面を潤しながら流れ落ちていく。

この井戸の掘り方については、先述のイブン・アワムの古農書にもアラビア語で書かれている。

これによると、彼らは乾ききった荒地の斜面に自生している植物を観察することから始める。そして、「雑草が繁茂している地は水量が多い」「桑の木が自生している地は、水量が豊かである」ことを経験的に知っていたし、雑木を見つけた場合には、その中でもっとも幹の太い木に注目し、根元を少し掘ってみる。そして、最も太い根が伸びている方向に水脈があると推定していたのである。

根が伸びている方向に、直線状に幾本かの縦井戸を掘っていくのだが、ハティバの場合には、井戸の深さは最長で三百メートルにすぎないが、アラビア半島の場合には、最長六百メートルにもなるそうである。

すべての縦井戸は、底部で横に走る一本のチャンネルに連絡され、外部に向かってわずかに下方に傾斜しているために、出口から流れ出るという仕掛けである。

そして井戸の切り口の形は完全な円形である。現在でも材料工学の常識であるが、丈夫なように、トンネルなどは円形に掘られていることも理解できる。さらに直径一メートルを対角線とする正方形を例にとると、周囲の長さはピタゴラスの定理から、二・八二八四メートルである。ところが直径を一メートルとする円周の長さでは、同じくピタゴラスの定理で算出した数値では、三・一四一六メートルになる。このことは、井戸の場合には、それだけ断面積が大きくなり、取水量が増大することを意味する。

このような数学の知識も、アラビア科学を背景にしたイスラム教徒たちはとうの昔に身につけ、これが実際に応用されていた事実には驚くほかない。私は摺り鉢状の広大なオレンジ畑の頂上に立つと、荒れ果てた谷間を緑に変えていった砂漠の民の英知を思い、ただ見惚れていた。オレンジの葉を揺する風はなんとも爽快であった。

パエリャの古里

バレンシアの街外れから海沿いに二〇キロ南下すると、右手にアルブフェラという、海岸線に沿って細長い湖が見えてくる。十六世紀の資料では水域一万六千ヘクタールとなっているが、乾季と雨季の数値は変動する。

現在、湖の周囲には九万ヘクタールの水田が広がり、水辺にある三つの集落エル・パルマール、カタロハ、シーヤの住民たちは、湖でウナギやコイ、ボラなどの内水面漁業と稲作を生業としている人たちである。ここは渡り鳥の生息地としても研究者の間では注目されているが、私がオレンジ畑の次に、この地をフィールド・ワークしたのは、三つの集落がいずれも地中海世界に知られた被差別集落だったからである。

彼らは王領地に税を納めて残留を認められたイスラム教徒の末裔で、外の世界と交流のないまま従兄妹同士の近親結婚を続けてきた。それと関係があるか不明だが、平均寿命は五十歳で、何故か喉頭癌を患った人が多く、調査する私は、聞き取り難くて難儀した。だが意外な事実が分かってきた。その一つは、この地に住み着いて以来、彼らは満月の時期には海辺側のデエサという地でキャンプを張り、アッラーに祈りを捧げてから食したのが、パエリャだったことである。

十数年前、バレンシアのパエリャにまつわる歴史をNHKが特集番組で紹介したとき、私も協力したのだが、その意外性が話題になった。

デエサは波静かな地中海に面した松林。木々の間からは打ち寄せる白波が垣間見え、心地よい風が吹き抜けていく。彼らはここで薪を拾い集め、大鍋で魚や米を煮込み、アラビア伝来の香料サフランも入れた。後には、葦が生い茂る水辺に生息する野鳥の類やウサギの肉も加え、バレンシア風パエリャのオリジナルとなった。

8月 涼しさをもたらす知恵

スペイン地中海沿岸の町バレンシアは、郷土料理パエリャの古里だが、元来は土地のイスラム教徒の食物であった。すでに十六世紀の古文書に記され、湖畔の集落の伝承では十二、三世紀まで遡るとされている。

彼らは夏の満月の時期、漁や農作業を休んで、アルブフェラ湖畔の林の中でキャンプを張り、食したのがこの料理。

米は岸辺の浅い沼地にモミのままばら撒いて放置し、秋の初めに収穫した。湖で獲れる魚介類、湖岸で獲れる野鳥やウサギの肉も入れたから、自前の食材ばかりである。湖畔の風が吹き抜ける、涼しい林の中で料理するのは男たちで、女は食材の準備、子供は薪拾いで助手を務めた。イスラムの神事の儀式であるから男が料理したわけで、今でも野外で料理するときは男が腕を振るう。パエリャはスペイン版〝親父の味〟である。

では何ゆえ満月の時期にパエリャを食したのだろうか。

アルブフェラ湖の漁師の一家

湖畔の異文化

満月の時期に休漁する理由については、湖畔の漁師の古老が、「魚群の通る道に仕掛けた網が魚に見えてしまって、漁獲量が少ないからだよ」と言ったが、実際はもっと別な理由があった。満月の神秘性をあがめて神聖な行事にしていたのである。彼らはパエリャが出来上がるとまずアッラーに捧げ、それから食したことが、古文献に載っている。

さらに意外なのは、異教徒の末裔として独自の信仰をもち、近親結婚、現在も続く周辺社会との隔絶、奇異な集団的行動様式など、この湖畔は人類学上、関心をひく地中海沿岸の非差別集落だったことである。

私が一九七四年に現地調査に入り、結果をまとめた「アルブフェラ湖の漁民文化」という論文の中から、少し引用してみよう。

《その一つは、集落内には教育機関がなく、文字非識別者が多いことだった。その結果、レドリンと呼ばれる世襲の漁業権を所有する各グループが、漁場を抽選で決める場合などは、○、▽、Π、Ⅲ、Γなどの記号を伝統的な屋号として用いている事実が見出された。

彼らには宗教とは異なる独自の信仰があり、出漁前の早暁に島の一本松に呪文を唱えて豊漁を祈願し、好結果の場合に捧げる感謝の祈りも受け継がれている。

女性は漁に参加できず、妻が妊娠していたり、生理中の場合、夫は出漁できない。湖の神が女神であるため、その嫉妬を買い、不漁や事故などの不幸が起きると信じられているからである。そして出漁の際には、岩山や大きな松の木に向かって、一心に呪文を唱えた。》

往々にして文化は不合理にして奇異なるものであるから、原因と結果の間に法則性が成り立つ科学の原則論に従えば、科学的ではない。

それでも「この魚を獲ってみたい」「多く獲りたい」と祈ることによって精神が統一されるから、何もしないよりは、本来の目的が達成される確率は高いことが珍しくない。したがって信仰のように、好結果を期待する行為は、一言で「非科学的」と決めつけることはできないから、科学的態度ということになろう。

そんな背景を背負ったパエリャは、今では海の幸も加えて多様化し、季節を問わず、大勢が集まる休日の食べ物として受け継がれ、広くスペインに定着をみることになった。私が若い頃、スペインでは一家の主が料理したものだったが、今では主婦も調理する。

私も学生の頃、一軒家を借りてスペイン人と共同で生活していた時には、毎週日曜日になると、アロンソという友人がわれわれを指揮して、平たいサルテンと呼ぶ銅製の大鍋で調理したものだった。

まず骨つきのウサギの肉を軽く油で炒める途中で、ムール貝やエビ、カニを加え、水をひたして沸騰させる。肉はウサギではなく、チキンの場合もある。

沸騰したら、米を洗わずにそのまま入れて、塩と香料のサフランを加えて煮込む。色取りに赤ピーマンやトマトを添える場合もある。米は日本のご飯より硬く、まだ芯が少しぐらいあるのが普通である。

今ではスペインを代表する食べ物となったパエリャだが、町中で食べるバレンシア風パエリャも、同じように肉や魚介類、サフランの香りと風味が何ともいえない。

もっとも季節によって、魚介類の種類は異なるが、魚類はタラやイカなど白身の魚ばかりで赤味は使わない。なかにはイカの墨まで入れた黒いパエリャもある。

バレンシアの海岸に沿って南に延びる、湖畔の漁民の料理がオリジナルのパエリャも、地方と時代によって多様化している。本家本元のアルブフェラ湖畔の集落でも、米の代わりにフィデオと呼ぶ、極細で長いマカロニを入れるパエリャの店もあるが、一風変わっていて美味であった。

カリフが君臨するコルドバ王国の時代でも、イベリア半島にはイスラム小王国が林立し

パエリャはスペインの“親父の味”

ていたが、バレンシアもその一つ。定住者となったイスラム教徒たちは、それぞれの地方で独自の文化を開花させたが、月の位相変化に注意しながら、パエリャで祝宴を張ったように、バレンシアの風習もその一つだった。

盛夏の過ごし方

原野では、塩湖と塩吹き沼が出現する酷暑のこの時期。八月の『コルドバ歳時記』には、こう記されている。

「季節は夏に属す。特質は熱にして乾。火性に適す。最良の飲食物、最良の空気、最良の動作などはすべて身体を涼しくし、潤いをつけるもので、無為に過ごさぬようにすべきである。この季節は老人や、寒にして湿の体質に生まれた者に適し、若い人や、熱にして乾の体質の人には合わない。」

この記述に見えてくるのは、宇宙や地上の原理の中にあって、盛夏の過ごし方に、個々にもって生まれた体質とのバランスに注目していることである。中でも飲み物や食べ物、動作に留意しながら、冷気とともに清澄なる空気に身を置くのは、砂漠の民の知恵にほかならない。

同じくコルドバ歳時記では、「この月の行事は、ウイキョウを入れた二種のザクロ・ジュースを作るが、これをもってねばねばした目薬を製すると角膜の星、そのほかの眼病に効く」とあり、眼病にかかりやすい季節だったことが分かる。

夏を涼しく快適に過ごす知恵は、どこの国のどの地方にも伝統的に存在している。とくにイスラムの影を色濃く残すスペイン南のアンダルシア地方では、住居の建て方にも顕著に表れる。そこでまず注目しなくてはならないのは、この地方では家の戸口にボティホ(botijo)と呼ばれる、木の蓋が付いた素焼きの壷が幾つも置かれていることだ。中には数リットルの水が入っている。

そして夏の強い日差しの中から家に帰った人がまず口にするのは、ボティホの中の水である。だが入れたときにはぬるま湯のようだった水が、心地よくひんやりと冷えている。壷の表面からどんどん蒸発し、その時に気化熱が奪われるために、内部の水が冷却されるからだ。

伝統的に受け継がれたイスラム世界の知恵だが、この原理が夏の暑さの厳しいアンダルシアはじめ、多くの地方でも民家に応用されている。天然のクーラー付きであるから、そのためにどの家も窓の数が少なく、しかも小さく作られている。民家やビルであっても、それほど大きくない建物は、中が空洞の日干しレンガに漆喰が塗ってあり、建築現場で見ていると、ハラハラするほど鉄筋の教が少ない。地震がないからこれでもよいのだそうだ。したがって窓が少なく、しかも小さくできているのは、壁で強度を保っているためでもあるが、夏に気化熱を放出して屋内を涼しくするためでもある。

私がマドリッドに住みついてまだ日の浅い夏のある日、暑いので窓を開けてしまって下宿のおばさんに叱られたことがある。スペインでは日本と反対に、暑い日には窓を閉め、鎧戸《よろいど》も下ろして暗くするのである。

マドリッドのような大都市では、暑さと町の喧騒を避けるように、街路に大きな日陰を作っているプラタナスの木陰に入ると、ひんやりとして心地よい。パリのセーヌ河畔のマロニエやプラタナスの青い木々は、古い街並みに一層落ち着きを添えて見た目にも美しい。晩秋の頃の落葉は異邦人の旅情を誘い、ときには陰鬱にさせる。だが冬に葉を落とすと、木の下のベンチが陽なたぼっこと、お喋りの格好の場になる。

とくに緑の少ないスペインの都市部では、葉が青々と茂る夏には、涼しい風が渡ってくるオアシスになる。仕事にあぶれた中年男が朝から長々とベンチに寝そべっていたり、その隣では、老人たちが世間話に花を咲かせている。

物理学者で文学作品も多く残した寺田寅彦は、随筆『涼味数題』の中で、「涼しさは瞬間の感覚である。暑さと冷たさが適当なる時間的空間的周期をもって交替するときに生ずる感覚である」と書いているが、涼しいという感覚は、暑さの中にあって感じるもののようである。しかしスペインや北アフリカにいると、湿度が極端に低いから、乾燥と涼しさは一体となっている感覚であることを実感する。

そんな暑さの中でも、人は活動しなければならない。コルドバ歳時記では、「はしりのナツメヤシやナツメの実が熟しはじめる。ハダカ桃がおいしくなる。ドングリの実がふくらみ、ヒンディー（インド）と呼ばれる西瓜が熟す。おくてで甘味の強い梨が手に入るので、ジャムを作る。

この月に採取する薬草は、スマーク（ウルシ科の植物で、歯ぐき、歯、目などの痛み、打ち身などに効く）、白ケシの種（シロップを作る）、ヘンルーダの種、バーダーワルド（アザミの一種）、飛燕草、タランジャーン（オレンジの香りのする薬草の一種）など。

菜園には秋に採るソラ豆の種が蒔かれ、紺青色のアラセイトウ、カブラ、人参、ドウジシャなども栽培される。駝鳥がさかりづいて、遠くからオスの声が聞こえる」とあるから、かなり忙しい。

ラ・マンチャで出会ったジプシー一家

盛夏の頃、移動型のジプシーは、洞窟のわが家に帰還する時季である。日雇いの農作業のような戸外の仕事がないからである。

彼らは、たいていは七月に戻ってくるが、なかには八月初旬にずれ込む一族がいるのは、牧場で牛追いや馬の調教の仕事が残っていた、残業組である。

彼らは馬車に金盥《かなだらい》やテントなどの生活用具を積んで故郷に向かっているが、そのときには、春に出て行った方向とは、逆の方角から戻ってくるのが普通である。まるで蜜蜂のようにぐるぐる回りながら、新しい人生を追い求める彼らは、同じ道を引き返すことを嫌う。それは敗北を意味するからだそうだ。

春には、歓喜の声に沸きかえる大地を一歩一歩踏みしめながら、何処へともなく消えていった方角の辺りを、暖かい陽光が、いつまでも見送っていた。あとには、ただ物憂げな静けさが漂うだけである。

その後、彼らの生活が気になっていたのだが、初夏の頃、私がラ・マンチャのひまわり畑の撮影に夢中になっていたときのことだった。黄金の海の中に一台の幌馬車が停まっていて、馬車の陰には、ジプシーの家族が休んでいた。色の浅黒い目つきの鋭い中年の男の肌けた胸に金のクルスが光っている。信心深い男のようだ。

男の横には年のころ三十半ばと思しき、髪の長い女が無表情で遠くに視線を送っていた。母親の胸には、赤ん坊が取りついている。見ると末成《うらな》りのトーナスのように小さく萎びた乳房をした母親の足元には、十三歳と十二歳だという娘が二人シエスタの最中だった。その奥には、十六、七と思しき娘も、薄目を開けて私を見ていた。

このような場では、男の方に話しかける方が、入りやすい。亭主のいる女は、亭主に遠慮して口を開こうとしないからである。

「やあ、どこまで行くのかね！」

男は少し表情を緩めると、

「西の方だ」

と一言、言っただけだった。

「何を生業にしているの？」

「秋の収穫期まで、まだ間があるし、シウダ・レアルにでも行ってみようと思っている」

そこはアンダルシア北方の、ラ・マンチャのど真ん中の町である。シウダ・レアルに行けば、何かにありつけるという目論見らしい。

ジプシーが、グループに入っていないのは変である。何かの掟を破り、村八分になったのかもしれない。これでは、農繁期になってもこれしきの人数では、雇う方も雇いづらい。

だが馬車の中には、ちょっとした工具が積まれていた。私がそれを見つめていることに気がついた男は、仕事がないときには、鍋・釜の修理や大工仕事もやるのだと答えた。

仲間から外れた連中は、仕事を探すのが難しい。かといって、彼らは一向に気にしない様子である。今は、ひまわり畑の真ん中で休憩しているだけだが、川の畔に出ると寝泊りすることがよくあるそうだ。話の様子からすると、洞窟の住民でないことは明らかである。

シエスタから目覚めた娘たちは意外にも人懐こい娘たちだった。私に興味をもったらしく、盛んに聞いてくる。

「へえ、日本！　それってスペインのどこ？」

「子供は何人いるの？」

「どうして、独りなの？」

若い娘たちは好奇心旺盛である。

日が西に傾き出したので男が立ち上がった。目の上に日除けを乗せ三度笠のような日除けの帽子を被せられた黒いラバが曳く荷馬車は、出発していった。

こんがりと焼けた素足の娘たちが手を振っている。娘たちは顔を寄せ合って笑いこけながらいつまでも手を振っている。

荷馬車はゴトゴト左右に揺れながら走り出すと、荷台に括り付けられた金盥がガタガタと揺れている。男とおかみさんは、遠くを見つめたまま振り向かなかった。

それまで何処にいたか気がつかなかった二頭の黒い犬が、ヨタヨタとあとを追っていた。どうやら、馬車の陰で寝そべっていたらしい。

大半のジプシーたちは犬を飼っている。マイクロバスのような車で移動している一族は別だが、馬車で移動する場合は、犬を荷台に乗せるようなことはしない。決して甘やかさないのが彼らの流儀であり、犬には厳しい掟を守らせているのだ。

彼らが愛するのは、犬と花。「願わくは花の下にて春死なむ」こそ、彼らの求めるロマンティシズムの終着駅らしい。

手を振っていた娘たちもだんだん小さくなり、やがて大きな日輪の中に馬車は吸い込まれていった。

彼らが向かったシウダ・レアルまでは、今日中に到着できる距離ではない。どこか小川の淵か、眺めのいい丘の上に停めて、今宵の夢を貪るにちがいない。

「月日は百代の過客にして、行き交ふ年も又旅人なり」

富と社会ルールを避け、自由な行動と「ゆっくり」を愛する彼らこそ、漂泊の哲学の実践者にみえたのである。

真夏の洞窟は天国

二〇〇一年八月、私はアンダルシア東部のクエバス・デル・アルマンソーラという、別の洞窟群の集落を訪ねた。そこはグラナダから二〇〇キロ東に行った山岳地帯のなかの洞窟群で、もともとが鉱山の坑内で、とくに金山・銀山が多かった土地柄である。

今から三千年前、金属の採掘のためにこの国に来たフェニキア人たちは、鉱山の坑道を掘り進むうちに、一時的に自分たちの住居にしていたことに始まったといわれる。

その後、鉱山が他の場所に移ると、廃鉱になっていた洞窟は、年月が流れるうちに、イスラム教徒やさらにキリスト教徒、そして現代の人々が住み着くようになった。その間、拡大と修復作業が加えられた結果、一軒の住居当たり、スペースが広がった部屋の数は、十から十二もあるのがめずらしくない。

ラ・マンチャで出会ったジプシーの一家

しかしフェニキア人が生活しながら掘り進んだ洞窟に、現代に至るまで人間が住み着いているのは、不思議な光景である。

地球上には四方八方の地理的空間があるだけでなく、時空間、今はもうない遠い歴史の世界とも通じているのである。そして、現代の住人たちは改装したり拡大させながらではあっても、そこへ勝手に住み着いた人間たちなのである。

初めて私が訪ねたクエバス・デル・アルマンソーラの洞窟民家は、枯れたペンペン草やイネ科の植物のエスパント草に埋もれたまま、風の中にぽつねんと佇むばかりであった。欠けた皿、焚き火の跡に、たしかにここに人の営みがあった痕跡を遺しているばかりだ。ジプシーが旅に出るまでの生活の跡だった。

枯れ草や気まぐれどもが夢の跡

だが異邦人は、早合点にすぐに気がついた。廃墟は入口だけで、谷間を奥深く入り込んだ一画からは、内部の壁や外の壁を真白に漆喰で塗り直し、さらに掘り進んで拡張された洞窟があった。

手前の家は、戸口の周囲の白壁に沿って、シーツや下着の類が万国旗のように風の中にはためいている。昼食用に肉を焼いているのか、開いた戸口の奥から、オリーブオイルとニンニクが混じった香ばしい匂いが流れ、母親の甲高い声、子供の笑い声や泣き声が流れてくる。

そこへ、自転車に乗った小学生と思しき兄弟が帰ってきた。そろいの半袖に半ズボン、短く刈り込んだ黒い髪に、茶色の目がすがすがしい。彼らのシャツには、プリントされたベッカム選手が、誇らしげに笑っている。

彼らの自転車は、いずれも五段式のニュー・スタイルだ。

「オラー」

「オラー」

子供たちは異邦人に、奇異な視線を送ることはない。地球の裏側から来た風変わりな小父さんを、同じ人生の仲間と見ているらしい。子供たちは自転車を放り投げるようにしてから一瞥をくれると、戸口から中へ駆け込んでいった。

「遅かったねえ。みんな待っていたんだよ」

中から、甲高い母親の声が出迎えた。後で知ったのだが、彼らは何代も前から洞窟に住みついた普通のスペイン人で、一家の主は瓦職人だった。

さらに谷間の奥へ進み、訪ねたホルヘ・カニャーダ氏の住居は、戸口から入ると、二十畳の居間で、左右に部屋が枝分かれする。階段を上ると、二階、三階へと立体的に伸びていた。家の主が言っていた。

「私は生まれも育ちもこの家です。その後教員になって各地を転勤して、三年前退職を機に、元のわが家に戻ってきました。通常の民家に住むのは苦痛でしたから」

サケが母川を遡上するように、帰巣本能があるらしい。室内は常時二十度で、騒音とは無縁の世界である。二階は、南側に居間と寝室、北側も居間と寝室。冬には南側の部屋、夏は北側の部屋が使われる。それぞれテラスに通じ、前方の谷底や遠くの山並みが遠望できる。

さらにこの家は三階に伸び、そこは山の頂上付近に当たるため、東西南北にそれぞれ部屋がある。そこから、それぞれテラスに通じ、季節の移ろいに合わせて、快適な部屋だけを使用してきた。

丘の斜面の洞窟には、吹き出し口の煙突が、三つ付き、日干しレンガを積み上げて白い漆喰で固めてある。それぞれの煙突は八個のレンガが抜き取られ、そこが空気孔であった。

天辺は雨が吹き込まないようにレンガでふさぎ、白い漆喰で丸みをもたせてある。煙突の周りは、すっぽりと白い漆喰で固めているので、外から見ると、真っ白い妖怪が林立しているように見える。前夜、月明かりの下で見た妖怪の正体は、煙突であった。

洞窟の高級別荘

このクエバス・デル・アルマンソーラの洞窟民家には後日談がある。それから八年後に再び訪ねてみると、すっかり様変わりしていて驚いた。洞窟民家が増え、電気はもちろん、シャワー、水洗トイレも完備していたからである。

「それまで水汲みは、重労働だったよ。大きな水瓶をかかえて小川や泉に降りて水を入れ、それを肩に背負って急な坂道を帰ってこなければならなかったからね。今でも、やっている連中もいるけど」

腕と下唇の下に青い刺青をした、中年のジプシー女が、そう言っていた。

たしかに八年前に訪ねたときは、どの家でも正面の戸口から入ると、最初の居間の天井に、ランプが二つ架かっていた。まだ、電気もきていなかったし、水道やトイレもなかった。

それでも、正面東の戸口を開け放すと朝日が差し込み、反対の西側の壁には、大きな鏡が壁に架かっていた。これが反射して室内を明るく照らしていたのである。

外部だけでなく、部屋の中も真っ白く漆喰で固めるのは、臭気を吸収し、水滴や砂の落下を防ぐほかに、小さな光を大きく反射させるためだった。

外の世界の人には、洞窟内は鼻をつままれても分からないほどの暗闇と思われがちだが、実際には、教会やカテドラルの中のような薄明るさである場合が少なくない。天井の空気孔からも光は漏れてくるし、隣室の外の戸口が開け放たれていると、トンネル状の通路の向こうからも、ぼんやりした光が差し込んでくるからである。

そして八年の歳月は、洞窟住居にも近代文明を持ち込んでいた。世の中にはビジネス・マインド旺盛な人間がいる。自分の洞窟住居を拡大して、ホテルにしてしまった人間が現れたのである。

私も宿泊してみたが、分厚い壁で仕切られているから、シーンと静まり返っていて、たった三日間とはいえ、慣れるまで大変だった。

翌朝から早速、戸口に出ていた夫婦をつかまえて、聞いてみた。

ホセ・ロサーノ氏は六十五歳で、妻のマリホセは六十三歳。ホセがこの家を親の代から受け継いでいたが、若い頃はマドリッドの自動車工場で働いていた。マリホセとは、マドリッド時代に知り合い、結婚して五人の子供を育てたが、五年前、退職を機に戻ってきた。今は年金暮らしである。

夫婦には孫が二人いた。夫を亡くした末娘が子供を連れて、この洞窟に舞い戻ったのだという。

「この町には仕事がなかったから、仕方なく都会暮らしをしてきたんだが、やっぱり故郷はいいね。都会暮らししか知らなかった女房も、ここが気に入っているよ」

と隣の細君を見やると、マリホセも相槌を打った。

「若いときから、休暇になると夫と一緒に里帰りしていたから慣れていたけど、初めから抵抗感はなかったわね。静かで寂しすぎるのが難点かしら」

今度はホセの方が、つづけた。

「娘はグラナダで、住み込みの家政婦しているんだ。小学校に通う二人の孫を預っているが、週末には会いに来る。

マドリッドに住んでいる息子や娘も、家族連れでときどき訪ねてくるから、十部屋あってもちょうどいい」

ホセも、子供時代は水汲みが大変だったと言った。

「二十リットルのカンを、一キロ下の共同水場から持って帰るんだ。一日、五往復だよ」

水道のない時代、一般にスペインでは、水汲みは庶民の大事な日課で、これはいつの時代でも、女や子供の仕事だった。

二百年以上前のゴヤの絵画にも、若い娘たちが肩に水瓶を担ぎ、家路を急いでいる光景が、数多く描かれている。

日本のように、家の庭の片隅に井戸を掘ることは、ここでは不可能に近い。雨がほとんど降らないアンダルシアでは、「水は天からもらい水」というわけにはいかない。谷底の泉や、息も絶え絶えに流れる小川の水に頼るしか、方法がなかったのである。

現在では、山の高台に貯水所が出来たお陰で、洞窟にも水洗トイレとシャワーが付いた。もちろん、貯水所にはモーターで水が汲み上げられる。

ホセとマリホセ夫妻は、昼間はたいてい戸口の外に椅子を持ち出して、麓の風景を眺めている。

私は散歩の途中で見かけたので、話し仲間になったのだった。朝夕、彼らの家の前を通ると、奥からイワシを焼いている匂いや、ニンキクとオリーブ油の香りが混じった焼肉の香ばしい香りがした。

散歩のために洞窟ホテルを出て、下に降りてくるといろいろな光景に出くわした。なかにはせり出した外庭に鶏を飼っている家もあって、なんだか微笑ましかった。

朝方、日の出を拝もうとして洞窟を出たとき、下のほうでコケコッコウと、けたたましい鳴き声をあげていた連中かもしれない。黒や茶色の鶏たちは飽きもせずに足元の土を掘り返している。虫を探しているらしい。

……卵はちゃんと小屋で産むのかな？

私は少々気になったが、下は深い崖だし、左右は高い土手だから逃げるわけにはいかないことが分かって安心した。鶏が勝手にどこに産み落としたところで、人間たちは簡単に探し当てることができるからだ。

アルマンソーラでは、麓から上るにつれ、裕福な家族になっていることが、一目瞭然である。

上るに従い、戸口の前に置かれた車が、ベンツやBMWのような、高級車になるからである。

ライフ・ラインが完備していない頃は、上に行くほど貧しい家族が多かったが、今は逆転現象が起きていた。

こんな車に乗って洞窟に住むって、一体どんな連中かな。私は興味津々でいたのだが、彼らと知り合う機会は翌日にやってきた。朝夕の散歩で挨拶を交わすようになった人たちがいたからである。パリから来たフランソワーズさん一家である。

夫婦のほかに子供三人、そして旦那の兄弟の家族二世帯が夏のパリを避けてここに戻ってきたのだそうだ。山荘の最上階には、見晴台が付いていて私のホテルとはわずかな距離なのに、ここまで登ってみると角度が変わっていることに気がついた。遠くの向かいにある平らな丘の頂上付近にもやはり洞窟群が張り付いているのが手に取るように見える。

フランソワーズさんは、部屋の中をすべて見せてくれた。ほかの古い洞窟群よりは部屋は幾分小さかったが、それでも二組の夫婦のほかに、五人の子供たちもそれぞれ自分の居室が与えられていた。狭いといっても、入ってすぐの居間は、二十畳もある。グァディスより、アルマンソーラの洞窟の部屋のスペースが広いのは、岩盤の質が硬く、強度に優れているためだそうだ。

十五歳の長男は、ベッドの脇にノート・パソコンを持ち出してテレビゲームに夢中になっていた。

「パリと比べてここはどうですか？」

私がありきたりな質問をすると、パリジャンヌだという奥さんが、にっこり笑って言った。

「パリはいい所だと思っていたけど、ここはまったく次元の違う世界なのよ！　わたしたちは、夏と冬にはいつもここで一ヵ月過ごしています。命の洗濯にね」

パリの道行く人たちは、異邦人には冷たい印象を与えるが、フランソワーズさん一家はまったく違っていた。

……洞窟志向の人間は、意外と話好きなのかもしれない。

私はそう思ったのだが、もしかしたらこの彼らも、パリに戻るとまたあの冷たく硬い表情に戻ってしまうのかもしれない、とも思われた。

だがここでは、彼らはすっかりアンダルシア人の顔になっていた。

別れ際に、この洞窟住居の値段を聞いてみたが日本円で二百万円だと分かった。

「アンダルシアの洞窟群の水準では、少し高いのではありませんか？」

と私が問いかけると、主人が、

「世間の相場ではそうかもしれませんが、内容を見たら安いもんですよ！」

と言って大らかに笑った。

パリの住民にも、ここは心休まる穴蔵だったのである。

アルマンソーラの洞窟住居の寝室

天然のクーラーであるボティホは戸口に置かれる

9月　大地の収穫と一年の始まり

中世のスペインでは、一年の始まりは九月であった。『コルドバ歳時記』にかぎらず、当時の暦を見るとスペインだけでなく、南仏でもみな九月が年頭に来ている。コルドバ歳時記では、「この月の間に、地方の財務官に、アカネ（染料）の徴集の手続きをするよう通達される」とあるのも、経済の年度初めの有り様がうかがえる。欧米の大学では、今でも九月に学年暦がスタートするのも、その名残りだろう。そして耕地では農作業が最も多忙な時期になる。種蒔きに続いて、九月は収穫期を迎えるからだ。

葡萄の収穫期

コルドバ歳時記を基にした、イブン・アワムの『古農書』では、葡萄の摘み取りは九月の、気が鎮静化した新月、樽への仕込みは体液が活発化した満月の時期が最適であるとしている。しかし葡萄の作付面積が広大なスペイン、フランス、イタリアでは、摘み取り作

葡萄は太陽と大地の恵み

業に時間がかかるので、新月だけに限定するのは難しい。

ワインの産地へ、葡萄の収穫作業を見に行ったことがある。さしもの燃え盛った太陽も肌にやさしく感じる九月に入ると、ラ・マンチャの葡萄畑では収穫を迎えていた。青くて固かったペドロ・ヒメネス種も、夏の燃えるような太陽の下で熟れて黄褐色に変わり、摘み取られるのを待っていた。

この時期、村人は夜が明けるのを待ちかねたように、家族総出で収穫作業に追われる。まだ朝露に濡れて蜜蜂が活動を始めないうちに、できるだけ能率を上げておきたいからだ。いつもは野草を摘んだり、畑でヒバリの巣を探すのに忙しい子供たちも加勢する。大きな農園では、季節労働者やジプシーたちの稼ぎ時である。

摘み取り作業は、日が高くなる頃には、大バケツにいくつも山になっていた。手作業に頼る摘み取り作業は時間がかかるので、工場の搾り作業に支障をきたさないように、運搬作業も迅速に進めなければならない。ワイン蔵の方からトラックが埃を巻き上げながらやってきて、摘み取り作業中の畑の前で止まった。次々と大バケツに入れられた葡萄が運び込まれると、トラックはもと来た道を引き返し、摘み手はまた黙々と持ち場に散って行った。

フランスのボルドー、ブルゴーニュの葡萄農園で収穫が始まるのは、スペインよりも少し遅れて九月中旬過ぎてからである。

五月・六月の項に登場した榊原崇弘君と私が九月中旬、ワイン街道の葡萄畑と酒蔵（シャトー）巡りをしたとき、現地では収穫期に入っていた。

まず目を引いたのは、ボルドーの一級、二級ワインを醸造するシャトーの立派なことだった。本来はこの地方の荘園領主の別邸だったが、構えはまさしく中世の城館である。

葡萄畑の中で、朝日の中に光っているシャトー・マルゴーが見えてきたとき、榊原君が言った。

「まるでお伽断《とぎばなし》に出てくるお城ですねえ」。こんな城を見ると王子様、お姫様が馬車でお出かけになる光景を思い描いてしまう。

白い城シャトー・ラトゥールの葡萄畑では、五十人ほどの摘み手が集まって、収穫の真っ盛りだった。スペインの葡萄の産地では、収穫作業は早朝になるのが普通だが、ボルドーでは天気の良い日の、朝から夕方まで続く。榊原君が解説してくれた。

「フランスでは糖度を計測して収穫日を設定するのですが、問題となるのが収穫前、収穫日の天候です。雨が降ってしまえば、葡萄は水を含み、出来上がるワインの品質は、著しく低下してしまいますから、収穫前は、糖度と天候との睨めっこです」

ワイン用の葡萄は食用と違い、単に熟したものを収穫するわけではないそうだ。「熟し過ぎては、アルコールと糖分が強くなり、繊細さを失うからです。そこへいくとスペイン、イタリアの生産者は、かなりアバウトです。このワイン、ちょっと熟度が高いですね、と指摘すると、収穫する人員が足りなかったので、とストレートに答えが返ってきますよ」

ワインは人が自然と向き合って造るもの、といわれる所以だろう。そこで、先ほどのシャトー・ラトゥールの摘み取り作業の場面。手に手に桶を抱えた中年のおじさん、おばさんたちは、畑の中で待っている若者の背負い籠に摘み取った葡萄を手際よく入れると、すぐに自分の持ち場に散っていく。

大きな籠を背負った上半身が裸の若者は、籠がいっぱいになるとトラクターに曳かれた運搬車（キャリアー）の荷台まで、しっかり地面を踏みしめながら運んでくる。

籠のベルトには、運び手の肩に食い込まないように、分厚いスポンジが巻きつけられているが、慣れない若者には想像以上に過酷な労働である。

荷台に下ろされた葡萄は、待ち構えていた老人たちが、熊手で平にならしていく。醸造所は畑のすぐ近くにあり、次のトラクターと運搬車輌がすでに待機していた。

南仏のラングドックや、ボルドー南郊外の葡萄摘みの人たちは、たいていがスペイン人だった。労働賃金が低いスペインでは、フランスなどへ季節労働者として出稼ぎに来る人が多い。

ブルゴーニュ地方の大学では、葡萄の収穫期になると大学が休みになると聞いていたが、所詮、学生たちは素人である。ボジョレ村ではトルコ人たちが収穫作業をしていた光景を見かけたが、ある酒蔵の主人の話では、最高の働き手はスペイン人だそうだ。

スペイン人の季節労働者が多いのは、この国の経済が慢性的に不況で、失業率が高いことが原因でもあるが、彼らは一足早く巡ってくる自国の葡萄の収穫作業を終えると、フランスにやって来て葡萄を摘み、オリーブとサフランの収穫が始まる頃に、スペインに帰っていく。彼らは摘み取り作業のプロである。

収穫が終わって大地に静けさが戻ると、フランスやスペインではまもなくサン・マルティンの祭日となり、豊作とみんなの健康を感謝した後は、長い冬の訪れとなる。

そこで冬の寒さ。日本酒の産地では「寒仕込み」が品質の良さの指針になり、低温下で仕込んで腐敗菌の繁殖を抑え、じっくりと熟成させた方が味が丸くなるそうだ。

この点、スペインでは、内陸部の冬の寒さもワイン造りにはプラス要因になる。南欧の中でも、スペインは太陽の国といわれ、冬でも暖かいと思われがちだが、暖かいのは地中海沿岸だけで、内陸の寒さは想像以上に厳しい。春と秋が短く、一年が夏と冬しかないといわれるこの国では、仕込みが終わる頃には間もなく冬に入り、その後は長い冬が待っている。

コルドバ歳時記の九月

アルコール類がご法度のイスラム世界では、コルドバ歳時記にワインの記述はないが、九月をどう捉えていたのか。

「月のはじめは夏、途中で秋が始まる。特質は寒にして乾。体液では黒胆汁が支配的。土性に適す。最良の飲食物、最良の動作、最良の居住などはすべて身体に潤《うる》みをつけ、温かくする傾向のあるものがよし。

この季節はあらゆる年齢、あらゆる気質、あらゆる地方の人々にとって不適である。特質が熱にして湿の者は、ちょっとしたことでも害を受け易い。幼年者や青春期の人間、体質が生まれつき湿の者には、すごしやすい。」

この記述を見ると、われわれ日本人にも思い当たる節がある。秋口になると体調を崩しやすいが、「夏の疲れ」と考えられてきた。九月二十二日頃が秋分点であるから、それ以前の熱にして湿の気が、この日を境に寒にして乾に入れ替わり、これは個々の人間がもつ体質との適合性が問われていることになる。同じように三月二十一日頃の春分点でも、夏の気に入るために、体調を崩し易いことはわれわれも経験する。

さらにコルドバ歳時記は、動物にも鋭い視線を向ける。

「カモメの頭が白くなる。この水鳥の頭は、春の初めにはまた黒くなる」

「駝鳥が卵を産みはじめる。一羽のメスの駝鳥は、四十夜の間に三十から四十個までの卵を産み、これらを直線状に並べておくよしである。これらは六個または七個だけを除いて、みな温められ、ひな鳥をかえすが、この六個または七個のかえらぬ卵をダラーイク（見捨てられたもの）と呼ぶ」

とある。人間だけでなく、この時期には動物の生態にも変化が起きていることを示している。

これは植物にもいえることで、

「この月の間には、桃、ナツメ、マルメロが食べ頃となる。甘藷《かんしょ》やバナナの旬が始まる。ある種のオリーブの実が黒くなり、新しいオリーブ油や、ドングリ、栗などが市場に現われ、ナナカマドが熟する。コルドバの山地では、耕耘《こううん》や種蒔きが始まる。

同じく山地では、はしりのアスパラガスが採れはじめる。胡桃や松の種子を採集し、へンナや野菜類の抜き取りが行なわれる。採集される薬草類は、油を取るための月桂樹の実、コロシント、ヒヨスの種などである」と書かれている。

ちなみに九月二十二日のナウでは、

「暁にアル・アッワー（星の名）が東に上り、アル・ファルグ・アル・ムアッハルが西に沈む。アル・ファルグ・アル・ムアッハルのナウは四夜つづく。めぐまれたナウで、雨がよく降る。この雨をワスミーと呼ぶのは、大地を植物でワサマ（捺印）するからである。また秋のいちばん初めのナウでもある」

と記述されているから、夏の凄まじい乾期が終わったことを告げている。

秋に入った大都市

マドリッドのような大都市でも、八月の一ヵ月間は、たいていの小売店や小さなレストランでは、シャッターが下りている。バケーションをとって、郷里や地方の山村、海辺の保養地に出かけてしまうからだ。なるほどこの時期は、大きな市場の中の小売店も閉まっている場合が多く、道行く人の数が少なくなる。大都市に居残っていても、暑い日中は外出を避け、暗い室内でじっと過ごしているからである。

この時期、目立つのは外国人観光客だ。三十八の世界遺産、二つの自然遺産、二つの複合遺産を有し、他のヨーロッパ諸国にはないイスラムの影が濃いスペインでは、観光業はこの国の重要な外貨の稼ぎ手なのである。

だが九月に入ると急速に地元の人間が増え、元の喧騒が町中に戻ってくる。そして九月も中旬になると、魚屋の店頭には、スペイン北西部のガリシア沖を流れる寒流の栄養塩で育まれた、脂の乗った秋サバ、甲殻類の「亀の手」、ヒラメなどの底魚が顔を出し、秋の到来を実感する。

秋の市場の賑わいを見ていると、一千年以上も前に書かれたコルドバ歳時記でも、多彩な収穫物が出揃う時期であったことがうかがわれる。

10月　オリーブの採り入れの始まり

スペインで国内線の飛行機に乗ると、眼下にきっちり長方形に区画された赤く乾いた大地に、黒い点々が碁盤の目のように規則正しく並んでいる光景が目につく。いずれもオリーブの木で、汽車の旅や私のように五〇CCバイクの場合であっても、濃いモスグリーンの葉と黄緑色の実をつけたオリーブ畑の壮観に、人はここがスペインであることをあらためて実感する。

黒ずんでがっしりとした幹は樹皮が荒いが、頼もしく見える。枝葉は古来、ヨーロッパでは平和と充実のシンボルとされてきたが、この硬葉樹はどのようにしてイベリア半島に入ってきたのか。

地中海沿岸から北アフリカにかけて自生しているオレアスクアと呼ぶ種類は、オリーブの木とよく似ている。モロッコのオート・アトラス山系の麗でも見たことがあるが、実の形までよく似ていても、果肉が薄くて渋いオレアスクアは、オリーブの原種ではない。

オリーブ属の野生種は、北アフリカからヒマラヤ山系の麗にまで達しているとされるが、かつてのメソポタミア（主としてイラク）、シリア、パレスチナ辺りと地中海沿岸に集中しているといわれる。現在のオリーブの木は栽培種で、二百種以上もある。それぞれの地方の環境に合わせ、交配種ができているためである。

だが地方の環境と一口に言っても、その多様性は著しい。オリーブ畑に変化が生まれるのは、短い春が行ったあとの五月である。この時期、アンダルシアはもう初夏に入っているが、オリーブの木は白い花を枝いっぱいに咲かせて、辺り一面ミルク色の海になり、甘ったるい芳香が漂っている。オリーブの花は風や蜜蜂によって受粉し、結実した後は、夏の間にどんどん肥大化して十月に収穫を迎える。

『コルドバ歳時記』にも、「オリーブの採り入れが始まる十月」と、この月のタイトルにあるように、「この月にオリーブの収穫量の大体を計り、その採り入れを始める」と書かれている。

地質と地形の多様性

スペインでは北西部のガリシア地方を除いてオリーブは広範囲に栽培され、地中海沿岸の丘陵地帯のように涼風が得られるところや、内陸の平野部や盆地でも、地形の違いや地質の多様性にそれぞれ合った種類が栽培されている。

南のアンダルシア地方には、マンサニーヤやカスケーニョという種類が多く栽培されているが、地方によってもそれぞれの呼称があり、セビーリャではマンサニーヤ・デ・セビーリャ、グラナダ地方ではマンサニーヤ・デ・グラナダといった名称があり、それぞれ特性があるとされる。

年間の降雨量が三百五十ミリ前後の典型的な地中海性気候に支配されているスペインは、ピレネーなどの高地を除いてほとんどがオリーブ栽培に適し、そのため、国民一人当たり五本に当たる約二億本のオリーブの木が二百万ヘクタールの大地に栽培されている。この国は、イタリアと並んで、世界最大のオリーブ生産国である。

スペイン全土のオリーブ生産の半分以上を生産しているのがアンダルシア。中世の町ウベダから南のハエンにかけては、見渡すかぎりオリーブの濃い緑の波が続く。アンダルシアでは、九月末から始まったオリーブの収穫作業は、十月に入ると最盛期を迎える。

収穫風景

オリーブの収穫期になると、一家総出で畑にやってきて、梯子をかけて手で摘み取ったり、棒で叩き落している。成熟していると、枝を揺すっただけでパラパラ落ちてくる。女や子供たちは、木の下に敷かれたネットに落ちた実を拾い集めて麻袋に詰めていく。私が若い頃は、ジプシーの家族だけでなく、ポルトガル国境に近いエストレマドゥーラ辺りから季節労働者が大挙してやってきて、収穫期のずれに従って、オレンジの収穫期を迎えたバレンシア辺りまで移動していく光景が見られたものだった。

二十一世紀の今でも、この状況は変わっていない。詰め込んだ麻袋がロバやラバの背中に載せられて村に帰っていく姿も変わっていないのは驚きである。ロバやラバがいまだに健在なのは、平地には水がなく、段差の多い山間部に水場があり、テントや住居があるためである。

古代の農書に見るオリーブ

イベリア半島とオリーブの関わりは古い。スペイン・ポルトガルが長くローマの属州であったことから、ローマの農学者たちが書いた農書の中に、アンダルシア地方や、バルセロナの南のタラゴナ地方のオリーブ栽培の記述がみられる。

たとえばコルメラの『農事記十二巻』の中の第五巻は、オリーブに関する記述が中心であり、カトウの『農書』の第五章もそうである。著名な農学者、ウァロ・テレンティウスの場合は、「自分が死んだら、ピタゴラスのようにオリーブの木陰に埋葬してほしい」と遺言している。

実は、この言葉はたいへん意味が深い。新約聖書のマタイによる福音書の、「朽ち果てた葡萄の実も地に落ちて、また新しい芽を吹き、やがて枝葉を茂らせて新しい実をいっぱいに実らせる」という言葉が、葬儀を司る司祭によってしばしば引用されている。ピタゴラスもウァロ・テレンティウスも、自らの生命の未来をオリーブの実の中に具象化した。つまり、オリーブの実となってこの世に永遠の生命を宿そうと願ったのである。この当時の農業文献の中に、「人間の死体も有用な肥料である」と書かれていることと併せて考えると、十分にあり得ると思われる。

今でも、オリーブ畑に入って気がつくのは、所々、木の根元付近にお墓があることだ。これはローマ以来の伝統であることを知ったのは、今から三十年ほど前のことであった。ちなみに私が好きな詩人ガルシア・ロルカも、グラナダ郊外のオリーブの根元に埋葬されている。内戦時の一九三六年、治安警察に暗殺された反体制派の詩人である。

聖書の中には、旧約と新約を問わず、オリーブがたびたび登場してくる。いちばん多いのが葡萄で、次に小麦、イチジク、オリーブと続き、そしてナツメヤシ、ザクロの順になる。この時代はパンにする小麦の類に劣らず、果実の地位が高く、現在の肉、魚にも匹敵していたのである。

聖書の世界の乾燥地帯では、イチジクも葡萄も乾燥保存のできる食物であり、果物は食べ物である以上に、乾燥地帯では飲み物でもあった。

たしかにオリーブ畑は息をのむほど美しく、スペインの原風景である。しかし、そのオリーブの木陰が暗い部分を持ち合わせていることも事実。奴隷労働を前提としたローマ農法の伝統で、オリーブ栽培はラティフンディスモ（大規模農園経営）の形態で、粗放的農業から脱却できない宿命を負っている。その意味では、オリーブはスペインの近代化の足枷になっている。

一部の人間が一千ヘクタール以上もの大農園を所有し、自分の農地をもてない季節労働者が、安い賃金で使われている。大きなオリーブ畑は、スペイン社会の矛盾の象徴的な存在なのである。

それでも、オリーブの有用性は今あらたに見直されている。スペインに限らず、イタリア、ギリシャ、南仏のような地中海沿岸の人々は、オリーブやひまわりのような植物性の脂肪を摂取しているために悪玉のコレステロール値が低く抑えられ、循環器系統の死亡率が低いという報告がある。冬期でも温暖な気候と、ストレスを残さない生活態度もこれに加担しているようである。

もともと、美しさと矛盾点の双方を包含した姿が、スペインそのものの姿でもある。それにしてもオリーブ畑は美しいのである。

コルドバ歳時記の十月

この月の歳時記には、次のように記されている。

「季節は秋。特質は寒にして乾。土性に適す。体液は黒胆汁が支配的。衣食住とも、身体に潤いをあたえ、やや温《あたた》め、その熱で余分の要素を溶かすものが適している。」

十月に入ると急に気温が下がり、朝晩肌寒く感じるこの時期の気候がうかがわれる。

そして、十月五日に始まるナウでは、

「暁に、アッ・シマーク・アル・アアザル（星の名・獅子の後ろ足）が東に上り、バトン・ウル・フート（大魚の腹）が西に沈む。バトン・ウル・フートのナウの間に降る雨はワスミーと呼ばれるが、このナウは縁起がよい。水が地表に現われず、水不足となる季節はこのナウに入ると終わる」とある。

大地に潤いが戻ると、農作業が活発になる。歳時記では次のようになっている。「二日、コルドバの近郊や、北方の山地に住む人々は耕作をはじめる。二十日、コルドバのカンピーニャ（コルドバ南部の平野）やその他の地方の住民は、一斉に種蒔きにとりかかる。この月には寒さが増してくる。人びとは白衣をぬぎ、絹や羊毛その他の織物の衣類を着る。羊は競って仔を産み、乳はたっぷりとなり、仔羊が目につくようになる。白や黒のムクドリが姿を現わし、冬の鶴が川中の島々からやってくる。マルメロや、酸味のある林檎のシロップを作る。鉛白《えんぱく》や緑青《ろくしょう》、鉛丹《えんたん》（塗料）などを作る。ウイキョウやアニスの種、チシャの種などを集める。玉ネギは今月から一月末にかけて蒔く。」

十月は種蒔きと収穫作業で、忙しい季節である。だが歳時記には見当たらないものの、イスラム世界からもたらされ、現在でも止血剤などの原料になる貴重な薬草で、パエリャの香料としても不可欠なサフラン（アヤメ科の球根植物）の収穫期である。

薄紫色したサフランの開花期は十月後半から十一月にかけての十日間で、この間にすべての花を摘み取らなければならない。家に持ち帰ったサフランの花は、テーブルの上で雌しべだけを摘み取る作業に移る。この作業は女性が主役である。雌しべが三本に分かれる分岐点を親指と人差指でダメージを与えずに摘み取る作業は、根気と慎重さとスピードが要求される。

毎年、サフランの産地では、「サフランの女王」を決めるコンテストが行なわれる。美人を選ぶわけではなく、一定時間内に処理した数と正確さを競うことになっているから、女王はたいてい中年のおばさんである。何よりも経験がものをいうらしい。

乾燥させると二センチほどの赤い糸状になるサフランの花芯は、一つの花から、たったの三本しか採れない。香辛料は、スペインが大型外洋帆船を仕立て地球規模の活動をした大航海時代に突入していくきっかけになったほどであるから、世界史の変換に一役担ったことになる。秋の青空の下にどこまでも続く大地ラ・マンチャとアンダルシアに、もう一つイスラム世界伝来の顔があった。

オリーブ畑はスペインの美と矛盾を象徴する

11月 冬に備えて豚を屠る

冬が近づく十一月になると、九月に仕込んだばかりのワインの蔵出しを心待ちしている人たちがいる。

その年に収穫した葡萄を仕込んだ新酒の爽やかな薫りを待ち焦がれている呑ん平が多いこの国。彼らにとって政治や経済のことより、「あの酒蔵ではいつ蔵出しするのか」といった話題の方が大事なのだ。

ワインは本来、暗い部屋の樽の中でじっくりと熟成された珠玉の雫を愉しむ文化なのに、まだ自然の名残をとどめた若ワインには、独特のフルーティーなアロマがあるためらしい。事実、新酒が出る十一月初旬になると、ポルトガル国境に近いヘレス・デ・ラ・フロンテーラや、コルドバに近いモンティーリャの町の酒蔵のある通りには、ワインの薫りと樽に取り着いたカビの匂いが漂いはじめる。

ワインの産地、コルドバ県モンティーリャ

日本でもよく飲まれるスペイン産ワインとシェリー酒の里モンティーリャは、コルドバの町から南に四〇キロ行ったところにある小さな町。高級ワインの産地として知られているが、ここはコルドバ県である。

私がモンティーリャの町のことを知ったのは、横浜市郊外を走る田園都市線沿線にある、スペイン料理のオーナー・シェフから、モンティーリャ産のワインを推奨されたことに始まっている。スペインで本格的に調理の腕を磨いてきた人で、今でも毎年のように一時店じまいして、店員ともどもスペインへ料理研究に出かけているが、ワインについても一家言もった人である。

その彼が奨めてくれたワインがいかにもうまかったので、二ヵ月間レンタカーを借り切って、スペインの古い教会を訪ね歩いていたある年の夏、この町に立ち寄ってみた。季節は八月初旬の暑い盛りであった。

一面葡萄畑のなだらかな丘をいくつも越えて平野部に出ると、はるか向こうの丘にモンティーリャの白い町が現れた。丘の東斜面の向こうには、一際高く教会の尖塔が光って見

えた。通常は尖塔の下の広場がその町の中心地だが、昼食時間だったせいか辺りに人通りもなく、静まり返っていた。

白い町並みが物憂げに眠っている様は、アンダルシアではごく普通の光景だが、白壁のワイン蔵が軒を連ねている上に、町外れの葡萄畑も、スペイン南部ではめずらしい仕立てがしてあった。

アンダルシアやラ・マンチャでは、地表の水分の蒸発を防止するために、葡萄の木から伸びたランナーは地上に這わせてあり、地表はまったく見えない。しかし、モンティーリャの白色粗粒土壌は比較的保水状態が良い上に、ここで栽培されているペドロ・ヒメネス種はとくに乾燥に強い品種なので、蔓を上に導き、剪定して地上一メートルぐらいで止めてある。

ここはラ・マンチャの赤い土と違って、地表は白い石ころだらけの荒地に見えるが、この方が水はけがよく、日中、白い石は太陽光線を反射して葡萄を照らし、夜には熱を放射して成熟を促進する効果があるそうだ。

水はけでいえば、北部を除いて雨が極端に少ないスペインでは、あまり傾斜にこだわる必要はない。しかし、冬雨型の地中海性気候に支配されている南欧でも、雨量の多い地方やアルプスの麓に近いレマン湖の畔、美しいシオン城の麓の周辺も、ライン川の岸辺の葡萄畑も、丘の斜面を利用しているのは、水はけをよくするためのほかに、夏期に通風を得るためでもある。

八月に入ったばかりのモンティーリャでは、葡萄の実はまだ青白く、赤々と燃えた太陽の下で完熟するのを待っていた。しかし、ヨーロッパの中ではもっとも収穫期が早いスペイン南部では、摘み取り作業が近づく八月中旬になると、房は薄い褐色を帯びて、重そうに頭をたれる。

モンティーリャで栽培されている葡萄はほとんどがペドロ・ヒメネス種だが、もともとはライン川流域で栽培されていた品種である。十六世紀初期、イサベル女王、フェルナンド王両スペイン国王夫妻の孫にあたるカルロス一世は、神聖ローマ帝国皇帝（ドイツではカール五世）としてネーデルランド、フランドル（ベルギー、オランダ南部、フランス北部を含む北海に面した古国）、フランシュ・コンテ（スイスと国境を接するフランス東部地方）にいたるまで広く支配していたが、このとき、スペイン軍兵士としてフランドルに駐屯していたのが、ペドロ・ヒメネス。彼が帰国の際持ち帰って故郷モンティーリャで広まったのがこの品種で、後にこの帰還兵士の名で呼ばれるようになったといわれる。

もっとも、モンティーリャの葡萄栽培とワイン造りの歴史はそれよりはるかに古く、ローマの支配下に入るよりもさらに遡る。後にイベリア半島がローマの属州になると、バルセロナの南西一〇〇キロのタラゴナや、南のポルトガル国境に近いヘレスとともに、モンティーリャはローマに送るワインの代表的な生産地になった。

それでも、アルコールご法度のコルドバ王国の時代になると、コルドバのお膝元のモンティーリャは、さぞかし肩身が狭かったのではないかと考えられる。だがキリスト教と違い、イスラム教は異教に対してはファナティックではないので、キリスト教社会との交易という、経済交流が成り立っていた可能性はある。八百年もの長いレコンキスタ（国土回復戦争）の間、戦争ばかりしていたわけではなく、キリスト教徒側の貴族や国王が病気になれば、コルドバの優れた医師が呼ばれて治療に当たったり、その逆の場合もあったのである。

高い白壁の続くモンティーリャの町中に入ると、ワイン工場と貯蔵庫を兼ねた大きな酒蔵が軒を連ね、この町がいかにもワイン造りの町であることを実感する。

早速尋ねたのは、この町最大の酒蔵アルベアール社だった。すでに午前中の見学時間はとうに過ぎていたが、日本からわざわざ来たことを告げると、支配人のフェルナンド・ロドリゲス氏がにこやかに出迎えてくれた。日本への輸出増大を図っているヨーロッパのワイン業界では、どこへ行っても日の丸の威力は絶大である。

その上、肩にカメラを何台もぶら下げ、メモを取りながら矢継ぎ早に質問を浴びせる私に、宣伝効果ありと思ったようである。見るからに威厳に満ちた貴賓室に引き込まれ、延々と創業の歴史から説明してもらえることになってしまった。

アルベアール社の創業者ドン・ディエゴ・デ・アルベアールは、スペイン東北部ナバラ地方の貴族で、代々コルティーナ伯爵の名で呼ばれていた家系の御曹司。その彼がコルドバの有力貴族の娘と結婚してモンティーリャに居を構え、ワイン造りを始めたことに、この酒蔵の歴史は始まっている。一七二九年のことである。

当初は上流階級の人々にありがちな、単なる思いつきに端を発した、お遊びの域を出ない程度のものだったらしい。

以後、ワイン工場はアルベアール一族によって引き継がれていったが、ラテン・アメリカ諸国の植民地経営にたずさわるなど、国政の要職についていた三代目のカルロス・アルベアールの時代に、周辺の蔵や葡萄園を積極的に買収して急速に拡大され、モンティーリャで一、二を争う規模に成長した。

このとき、当主の片腕として経営手腕を発揮したのが、カルロス・ビリャヌエバという人だった。今日、日本のワイン・ショップなどで見かける「Fino C.B. Alvear」というラベルの白ワインのC.B.という文字は、この人のイニシャルに由来する。
カルロス・ビリャヌエバは経営手腕もさることながら、ワイン造りの名人としてもスペインのワイン史に残る人で、そのため、蔵に積み上げられた樽にも、彼の名を取ったC.B.の文字が刻まれている。

アルベアール社が今の規模になったのは、今世紀に入ってからである。現在、毎年九月になると、葡萄の果汁四百五十万リットルが仕込まれ、常時、九百万リットルが一万八千個の樽の中で熟成のために寝かされている。一樽当たり五百リットルの容積になるが、これがスペインのワイン樽の標準サイズである。

ワインの一大輸入国であるイギリスのワイン樽はバーレル（barrel）といい、通常百五十九リットルの容積になる。現在、日常われわれがよく耳にする原油の取引で使用されている言葉も同じであるが、やはり同じ容量である。

この種の樽はフランス語ではバリク（barrique）といい、容積は二百ないし二百五十リットルである。スペインにもこのサイズの樽はあり、バリカ（barrica）と呼んでいるが、こちらはビヤ樽のこと。日本では最近は聞かなくなったが、ビヤ樽は太った人を指す言葉としてよく使われた。しかし、フランス語の方はbarricadeと変化し、「バリケードを築く」

といった具合に使われ、英語やスペイン語にも借用されて、同じ意味になった。

このことは、元来、ヨーロッパでは教会や修道院、貴族の邸宅ではもちろんのこと、平民でも地下室にワイン倉庫を持っているのはめずらしくなく、彼らの日常生活空間の中に、樽がいくつもあったことを示している。

「バリケード」は、日本では日米安保条約改定問題に揺れて国中が騒然としていた一九六〇年頃から、以後七〇年代前半までの学生運動華やかなりし頃、盛んに使われた言葉。日常の生活でワイン樽などとはまったく無縁の日本では、ワイン文化が深く根付いたヨーロッパからの借用語に過ぎない。


アルベアール社ではシェリー酒、白ワインのほかにブランデーを生産しているが、搾り出した果汁はまずティナハという白いセメント製のタンクに入れられる。ティナハは通常二千五百リットルから、六千五百リットルまでの容量だが、中に入れる果汁は八〇パーセント程度に押さえられている。空気と接触させ、酵母の働きによって白いフロール（flor花）という薄い膜を発生させるためである。ワインにとっては大敵のフロールも、シェリー酒の場合には、事情はまったく違っている。

この膜は液面を完全に覆って空気との接触を遮断し、酸化を防止して独特の風味を育て

長い熟成がワインの味を作り上げていく

るからである。フロールはシェリー酒を熟成させるのに不可欠な微生物の膜であるが、樽の中に「花（フロール）を咲かせて芳香で包む」という言い方は、スペイン的感性とも合致しておもしろい。

アルベアール社では最も出来の良かった樽からフロールを取り出し、新しく仕込んだばかりのティナハの中に移す。このためにこまめにサンプリングし、もっとも出来の良い樽を探り出すのは、次年度以降の製品の質を左右するだけに、大事な作業になっている。

ティナハを出た後は、ブランデー製造のために蒸留への行程へ進む場合を除いて、フィノ（fino）とオロロッソ（oloroso）へと分かれて、別の行程に進む。フィノとは英語のファイン（fine）のことだが、モンティーリャのアルコール度数の高いワインやシェリー酒の場合は、フロールの乗り具合がよいものをさし、通常は上等の辛口になる。

この場合もフロールを育成するために、樽の中は満杯にすることはない。しかし、その年の気温変化にもよるので、どの程度の空間をもたせるかは、おいしいモンティーリャのワインやシェリー酒造りのコツになる。

オロロッソは芳香があるという意味だけあって、コクのある上等の辛口で、口当たりがすこぶるよい。フィノの場合と違って、フロールの発生を避けるため、樽の中は満杯に保たれるので、ワインは樽の樫の木とだけ接触していることになる。

フィノの場合もオロロッソの場合も、熟成の過程でソレラ・システムが採られている。下の段から順次上に新しい樽を積み重ねる方式で、通常、四段重ねか、五段重ねにしている。ソレラ（solera）とは台座の意味であるが、ワイン造りでは一番下の段の樽をいう。ソレラのすぐ上の段の樽をプリメラ・クリアデラ（第一番目の熟成樽）と呼び、順次上に上るにつれ新しくなり、最上段の第四番目の段が新しく仕込んだばかりの樽になる。

樽の中のワインは最下段のソレラから取り出されただけの分量を補うために、順次上の段から補充される。しかし、この場合、樽から蒸発して一年に五パーセントほど自然に減少する分も含めて補充しなければならない。いずれにしても、ソレラ・システムと呼ばれるこの方式では、年によって葡萄の作柄に違いが生じても、ほぼ一定した風味を保てるという利点があるのだそうだ。

出荷に回される分とは別途に、最下段のソレラの樽から出て、さらに新たに四段階のクリアデラを経て最後のソレラに向かう別のコースがある。オールド・フィノ、別名アモンティリャド（モンティーリャ式）と呼ばれる、実った小麦色をしてハシバミの香りがほのかに漂う古酒である。

支配人のフェルナンド・ロドリゲス氏から奨められるままに試飲してみたが、手にこぼれると指がくっつくほど粘りがあり、通常のワインとはまったく違う、独特のコクがあった。ラベルは、アルベアール家の先祖の名がつけられた「コルティーナ伯爵」である。

一般に、最下段の樽（ソレラ）から取り出されたワインは、樽によってそれぞれ香り、味覚、色調に違いがあるので、よく吟味して組合せが決定されてからブレンドされ、瓶詰になって出荷される。この場合、調整の段階で強精というアルコールの度数を上げる操作は、ここモンティーリャではその必要がない。年間の日照時間が北欧の二倍もあり、しかも成熟期に赤々と燃える太陽の照射を浴びた葡萄は、自然の恵みで糖度が高くなっているからである。

私はコルドバ郊外の一画に、ローマ時代より以前から今日までの間、イスラム文明華やかなりし時代にも、こんなワインの里があったことに感動した。コルドバの奥の深さであろう。

ワインに欠かせない生ハム

そのワインに付きものの肴が、生ハム。スペインの伝統的な保存食だが、『コルドバ歳時記』には登場しない。イスラム教では「コーラン」の中で何度か豚肉の摂取を戒めている。第五章三節には、「豚肉、アッラー以外の名において犠牲にされたもの、絞め殺されたもの、野獣に食い殺されたもの、おまえたちが屠ったものは別であるが、これらはいずれもおまえたちに禁じられている」と記されている。豚肉以外の肉であっても、正しい解体処理が義務づけられ、「慈悲深く、慈悲あまねきアッラーの御名において」と唱えながら鋭い刃物で一気に頸動脈、喉笛を切り開くことになっている。たとえ一匹の羊やラクダといえども、その魂は等しくアッラーの祝福を享けてから、昇天することになっているのである。

コーランでこのように規定したのは、わけがある。砂漠や砂漠に隣接した厳しい自然環境下では、水源が限定されるから、一たび水源が汚染されれば、瞬く間に共同体に累が及ぶ。社会の弱体化と、戦力低下を怖れているのである。

では豚肉の摂取をタブーとした理由は何かとなると、イスラム文化史が専門の片倉もとこ女史の指摘に説得力がある。

「豚は定住民の生活体系に組み入れられた家畜ですから、団体で移動する遊牧民の行動様式には相容れられないのです。さらに、定住者の生活を不潔とみなす思考が、遊牧民の側にあることが加算されます」

結局、禁酒と同様、豚を食するキリスト教徒への対立意識から、彼らとの違いを明確にするために、禁じたことになりそうだ。したがって生ハムがスペイン全土に定着したのは、レコンキスタの後ということになる。

ローマ時代の伝統

だが年間を通じて気候の変化の激しいスペインでは、食材の入手が困難な季節を越すために、保存食の製法が歴史の中で伝えられてきた。イベリア半島では、ローマ属州時代に良質の生ハムを生産していたことが記述されているが、私の論文『ローマ農法とイスラム農法に見る科学性』の一部を引用してみよう。

《古代ローマ時代の地理学者ストラボは、紀元前五八年に著した『地誌』の中で、「イベリア半島は山や丘陵地帯が多く、地味は痩せているが、どんぐりを食べて丸々と太った豚を産出し、その生ハムの味は絶品である」と述べ、ローマの農学者カトウ（前二三三～前一四九）の著書の中にも、生ハムについて同様の記述箇所がある。》

スペインは、ローマ属州時代から生ハムの生産地であり、ローマの為政者や兵士、市民に高級な生ハムを供給してきたのである。

現在もスペインやイタリアでは、食料品市場や肉屋、バール（居酒屋）には、カビに包まれた豚の太ももが、天井にずらりと原形を留めたままぶら下がっている。実に壮観な光

生後１ヵ月の仔豚は丸ごと買える

マドリッドの生ハム店の看板

腸詰がずらりと並ぶ眺めは壮観

イベリア半島の生ハムの味は、古代ローマ帝国でも賞賛された

景である。

スペイン語では生ハムのことがハモン・セラーノと呼ばれるところからも、どんなものか、およその見当はつく。ハモンは豚のもも肉のことであり、山脈を意味するセラーノはシエラ（sierra）の形容詞であるから、低温の高地で自然に熟成させた豚のもも肉のことになる。

内陸部中央のカスティーリャや南部のアンダルシア地方は、夏の間、激しい太陽の猛射を浴びて地は干上がり、酷暑の季節となる。だが、秋が深まる十一月ともなれば、どんよりとした陰鬱な日が多くなり、その後には長い極寒の季節が待っている。昔から沿岸の漁業を除いて、この時期に食料を確保するのは至難の業であった。そこで人間は、冬を越すための保存食の確保に知恵を働かせた。十一月後半から十二月初旬に寒さが一際厳しくなると、田舎では豚を庭に引き出して屠殺して解体する、一年の保存食を作るマタンサの儀式と、生ハムの製造がそれである。

そこで私は、一人の人物を紹介された。サラマンカ大学から東海大学に講師として来ていたサンティアゴ・シプリアン先生（現東海大学准教授）から、彼の大学時代の友人がサラマンカの南五〇キロのギフエロという、生ハム造りで有名な町に住んでいて、関係者を大勢知っていることを教えられた。

ちょうどサラマンカに来ていた私は、早速ギフエロを訪ねると、サンティアゴ先生の友人アルトゥーロ氏が、三人のマタンサの親方を連れて、居酒屋にやって来た。恰幅のいい親方の一人が、ドスの利いた低い声で、こう切り出した。

「残念ながら今はまだ十月中旬だから、マタンサまで一ヵ月以上あるんでね。そのときには見事な技を見せるから、見物に来るといい」と言ってから、何枚かの写真を見せてくれた。いずれも派手に燃え盛る焚火の傍で行われる屠殺と解体作業の写真で、背後には大勢の見物客が固唾を飲んで見守っている姿が写っている。

「焚火は何のためですか」という私の質問に、親方が答えた。

「押さえつけて最初の血抜きが終わると、ロープで吊り上げて、火で全体を簡単に毛焼きするんだ。虫を駆除したり、消毒の意味もある」

それから別の親方が、屠殺前のプロセスを解説してくれた。

「山に放牧することをモンタネラと言ってね。夏に餌を少なめにしか与えられなかった豚は、この地方に群生するコルク樫の木から落ちるドングリやハシバミの実をたらふく食べて脂肪を蓄え、丸々と太っていくのさ。こうした方が肉に霜降りが入り、味もよくなる」

そこでこの日の午後、近くのドングリの林を、アルトゥーロ氏が案内してくれた。私は十五年ほど前、ポルトガル国境に近い、コルクの生産で知られるスペイン西部エストレマドゥーラ地方の山岳地帯で、ドングリを食べあさる黒豚の行動を観察したことがあるが、今回の観察はそれ以来であった。

アルトゥーロ氏が連れて行ってくれた、石垣状に岩石で広く囲われたドングリの林の中では、黒豚の群れが木々の下にサッと集まってきて、夢中で貪っていた。枝にびっしりとなったドングリやハシバミの実が、私たちの頭上にも容赦なく降ってくる。「豚は行動が俊敏ですから、慎重に近づきましょう」と彼は言った。たしかに豚は嗅覚が鋭いので、風下から近づきながら、静かに観察を続けた。満腹になった豚は、寝そべって泥浴びをはじめたが、水辺近くでは水浴を楽しむほど清潔好きなのだそうだ。

聖マルティンの日の行事

ヨーロッパの田舎では、さまざまな農作業の開始日が民謡などで唄い継がれ、多くの場合、特定の聖人の日と結びついていた。農事暦には豚を屠殺して保存食を作るマタンサの行事も当然含まれ、聖マルティンの日の十一月十一日あたりであった。

聖マルティンはフランスの守護聖人マルタン（三一六〜三九七）のことで、トゥールの司教だった人である。死者を蘇らせたり、悪霊に取りつかれた人を解放し、病や障害を取り除いて慈悲を施した聖人とされているが、この日が何ゆえスペインではマタンサの日となったのか。

聖マルタンは英名でマーティン、ドイツ語とスペイン語でマルティン、イタリア語でマルティーノと、その遺徳は司教区を超え、広くヨーロッパのキリスト教社会に浸透してきた。そして、この聖人の祝日十一月十一日は冬が始まる日で、地主は小作料の更新、市民は税金の納入、農民は年貢を収める日になっていた。ほかにも農事暦と結びついた行事が多く、ガチョウを料理してその年に仕込んだ葡萄酒を試飲したり、地方によっては、子供たちが歌を歌いながら家々を薪や食料をもらって歩いた。一年のけじめをつけ、次の年に備える性格を持ち合わせていたのである。

だがスペインは北ヨーロッパと違い、十一月十一日の聖マルティンの日は、本格的な寒さの到来までにはまだ少し間がある。そこで先ほど触れたように、九月後半から十一月末にかけ、アンダルシアやカスティーリャの山岳地帯では、イベリア種の黒豚が山に放牧され、いよいよマタンサを迎える。近年では、寒気が厳しくなる十二月に入ってから行なわれることが多くなったが、下弦の月から新月の間を選ぶことでは同じである。

イスラム教徒は今でも、羊を屠殺するときには下弦の月の時期を選んでいるという。満月をピークに体液が羊の生体内を激しく流れる「湿」の状態を、回避したいからである。

月の位相変化を行事の目安にする思考は、スペイン全土がキリスト教世界になってからでも変わることはなかった。一五一三年に出版されたアロンソ・エレラの『農業一般』という本には、「豚の解体は寒気に入った月の下弦の月から新月の間に行なうように」と書かれ、種蒔きは満月、果物の収穫は下弦の月から新月の間にする習慣は定着していたのである。そしてスペインが完全にキリスト教社会に入ると、新しいワインが樽から抜かれて賞味されるのは北欧と同じだが、ガチョウに変わって豚が解体され、祝いと同時に冬を越す食糧の確保となった。

日本では南蛮渡来の生ハムを「豚肉の塩漬け」といったが、アフリカ西岸沖のサン・フェルナンド島に漂着した船乗りの物語を書いたデフォーの『ロビンソン・クルーソー』や、スティーブンソンの『宝島』の日本語訳でもそうなっている。

いずれも、ヨーロッパと新大陸を行き来する船が大西洋上の島々を探索したり、島に漂着したりして繰り広げられた話だが、大航海時代のスペインが地球規模の活動を可能にした背景には保存のきく生ハムの存在があり、キリスト教社会と豚は深い関わり合いがあったことを物語っている。この本を読んだ小学生の私には、豚の塩漬け肉がどんなものか分からず、生ハムのことだったと知ったのは、ヨーロッパと関わり出してからのことであった。

「貧者にマントを半分与える聖マルティヌス」 12世紀 ステンドグラス

12月 降誕祭を迎える

アルトゥーロ氏の紹介で知り合ったマタンサの親方たちのお家芸は見ることができなかったが、ルームメイトのアロンソ・ロサノの故郷アンダルシアの村に行った折、彼の親戚の家でマタンサを見たことがある。今から四十年近く前の十二月初旬、辺りは薄暗い早朝であった。

マタンサを見学する

数人の男たちに庭に引き出された豚は、ただならぬ運命を察知したのか、悲鳴をあげて逃げまどう。だが最後には押さえ込まれてしまうと、がっしりした作業台の上であげた「キーッ」「キーッ」という断末魔の叫びは、今も私の脳裏から消えることはない。

それから家の主がこの日のために磨き上げた鋭い刃物が、キラッと冷たく光ると、ショッキングな光景はなお続く。主はためらわずに素早く喉を掻き切ると、なお振り切ろうともがく両足を、男たちが真っ赤な顔して押さえ込む。このとき、人の輪の片隅で、一人の老婆が静かに十字架を切っている姿が印象的であった。豚の魂が無事に神の元に届くようにと祈ったのか、人間の罪を詫びていたのだろうか。

さてここからは女たちが主役である。慣れた手つきで彼女たちが寄せてくるバケツには見る見るうちに血がたまっていった。友人が解説してくれた。

「白飯やニンニク、玉ねぎ、内臓のミンチ、香辛料を加えて血で固めてから、腸詰にされてモルシーリャになるんだ」

彼の母親からときどき届く得体のしれない黒っぽい腸詰の正体がようやく分かった。皮はラードで揚げてチチャロンになる。そのまま食べてもパリッとしてツマミになり、スープに入れても美味い。

つい今し方まで暴れていた豚は、台の上で手際よく解体されて、すでに原形を失っていった。四本の足は塩をまぶした後、二年近く吊るして生ハムにされるのである。

腎臓、肝臓、脳味噌はもとより頭、耳、足の爪の周りの軟骨や脂肪など、豚は無駄なものがないことは、日課のように市場を見て歩いていたから、私も知っていた。

豚骨や爪の周りのゼラチン状の軟骨や脂身は、ガルバンゾ豆や野菜と煮込んで鍋物になる。コシードと呼ばれる国民食である。

「豚の腸は腸詰に欠かせないんだ。マタンサの前日に絶食させているけど、ああやって腸を裏返して丹念に塩水で洗う。その後、内臓や赤身のミンチ、煮込んだかぼちゃ、ニンニク、香辛料、塩などを練り合わせたものを詰めるわけだ」

この腸詰造りはすべて女たちの手作業である。これを二十センチ間隔に紐で縛ってゆで上げて、弱火に通してから、十日間ほど横流しの柱にかけて、熟成させる。

マタンサは、不毛で厳しいスペインの大地に生きる人たちが、寒さを越す知恵を伝える伝統行事。祝い事でもあるから、一種の祭りの性格も帯びた地方文化として定着していたのである。だが近年は衛生上の問題から豚の解体は許可制になり、アルトゥーロ氏の知人たちのような、マタンサの専門職人に限られている。しかし一昔前までは、田舎に行けば親類縁者が集まって広く行なわれていた儀式である。

生ハム工場を見学する

秋に、ドングリを食べさせて太らせるために森に豚を放つのは、昔からドイツなど北ヨーロッパで広く行なわれていたが、スペインのキリスト教社会でも、中世以来、伝統的に引き継がれてきた。

サラマンカ南部のイベリア種豚

豚はドングリの実を食べて脂肪を蓄える

コシードは冬の名物

熟成期間が生ハムの味の決め手

生ガキはとても美味しい

店頭の魚たちが冬の到来を告げる

スペインの生ハムの産地は、アンダルシア西部のハブーゴや、グラナダ山中のモンタンチェス村などもよく知られている。いずれも高度が適度に高く、解体後の豚を約二年間、自然に熟成させるのに、年間の気温、湿度の関係が最も理想に近いからである。

年間二千万頭以上の豚が生ハムにされるこの国では、生ハム工場も数千ヵ所あるが、いずれも家内工場の域を出ない、小さなものが多い。

ギフエロに住む前出アルトゥーロ氏の案内で訪ねたのは、町の一画に「イベリア種の純正生ハム」の看板が架かっているホセ・ロディーリャ氏の工場だった。外観は普通の民家だがなかは意外と広く、地下室から三階までエレベーターが通じ、どの階にも、天井まで太腿の生ハムが、観閲式の兵士のように整然と並んでいた。

この生ハム工場では、ポルトガル国境のバダホス郊外の養豚業者のイベリア種を扱っていた。生後十五ヵ月で、体重は百五十キロである。

血抜きを終えた太腿に直径三ミリほどの粗塩をスコップでかけ、地下室に十日間ほど寝かせる。その後、ぬるま湯で塩を洗い落とし、二階の低温の部屋に紐で吊るされて翌年の十月まで過ごす。均一に回った塩は腐敗菌の繁殖を抑え、発酵菌だけが繁殖して第一回目の熟成が行なわれる。

その後、三階の自然環境に近い暗い部屋に約一年、合計二年間過ごすことになる。

「温度、湿度、風通しなど、熟成期間の管理で味が決まります。とくに神経を使うのは夏の温度です。夜は気温が下がるので窓を開け、夜が明けるとまた閉めて、調整します。カビの生え具合で味が変わるし、まわりの脂肪の汗も、手で押すとうっすら浮いてくる状態がよいのです」

ここで試食した生ハムは、噛んでいるうちに甘味が出てくる奥の深い味で、アルトゥーロ氏と顔を見合わせてしまった。

「塩の質と量も決め手の一つです。海水から造った粗塩が最も均等に塩分が回り、発酵菌を育てるのです」

それ以来、私は生ハムを食べるたびに、工場主が言った言葉を思い浮かべながら、美味しくいただいている。

冬の到来を告げる魚屋

魚市場を覗くのが好きな私は、北のビスケー湾や北西の港町ラ・コルーニャに揚がってくるヒラメやタラ、アンコウに、冬の到来を感じたものだった。ヒラメは刺身はもちろん、ムニエルにしても美味い。レストランでタラを食べると、蒸したあとにオリーブ油をかけてあるが、私はさらに赤唐辛子の粉末をかけ、ふうふう言いながら食べることにしていた。

鍋用のアンコウは、大西洋に面したガリシア地方の冬によく食べられる。スペイン語ではラペ（rape）といい、英語式に読むとレイプとなる。それと関係ないだろうが、欧米ではタコやアンコウのように、外観の醜い魚類は食卓にほとんど上ることはない。しかしスペインやイタリアでは、とくに沿岸部の人間は魚食民族であるから好んで食べている。

アンコウはヒキガエルを潰したか鬼瓦のようで、見た目は醜いものの、日本ではフグちりより安く、タラよりも味覚が濃く、冬の鍋物には欠かせない。もっとも日本では通になると、危険を冒しても肝臓や卵巣も入れないと本当のフグちりではないといわれるが、アンコウの場合にも、俗に七つ道具と称される肝、卵巣、胃などの内臓が珍重されている。魚にはめずらしく、エラまで食べられ、捨てるところがないといわれるアンコウも、スペインではヒレはもちろん、内臓も皮もきれいさっぱりと捨てられてしまう。

同じアンコウでも、地中海で獲られるのは形は小さいが、同じアンコウ目アンコウ科の魚である。それでも、大西洋の冷たい栄養塩で育まれた魚体の方が、身が締まっていて、香りも強いように思われる。

違うのは食べ方で、本場の北のガリシア地方でもマドリッドでも、カスエラと呼ぶ薄い土鍋にオリーブ油を引き、玉ねぎや湯むきしたトマトを加え、赤唐辛子をきかせて煮込んでいるが、スペイン人が食べるアンコウは、分厚い白身の部分だけである。

私は中国人の店で買った豆腐を鍋に入れたが、白菜が手に入らず、クレソンのような香味野菜にほうれん草を代用に入れると、立派な鍋になった。外は粉雪が舞う年の瀬であった。クリスマス前から友人たちは帰省してしまい、アンコウ鍋と熱燗の月桂冠が寂しさを慰めてくれた。

クリスマス

『コルドバ歳時記』もクリスマスのことに少しだけ触れている。まず三日前の二十二日。「暁にアン・ヌアーイム（星の名）が東に上り、アル・ハヌアが西に沈む。アル・ハヌアはアッ・タハーティーとも呼ばれ、双子座の弓にあたる。この弓を獅子座の腕（ディラー）が引いている。このナウは三夜つづき、縁起がよい。この時期に降る雨をラビーと呼ぶ。」

北部を除いて、年間の降雨量がきわめて少ないスペインでは、十一月末から十二月初旬にかけて、まとまった雨が降ることが多い。雨期と呼ぶほどではないが、この国の大地に冬雨をもたらすのは、地中海一帯に停滞する前線帯が秋の後半にイベリア半島全土を覆い出すと、北アフリカのモロッコやアルジェリアに至るオート・アトラス山脈付近は雨の日が続く。ときには、地元民が「バケツを逆さまにしたように降る」と表現するほど、男性的な降り方をする。これは降雨量の少ないスペイン南部には、まさに恵みの雨である。

しかも補足的にクリスマス直前にも降る雨は待ち遠しいもので、まさに縁起が良いわけだ。ただし標高が七百メートルを超えるグラナダ辺りでは、大抵みぞれか雪になる。

そして二十五日は、「キリスト教徒たちの間ではイエス降誕の祭り。彼らの祭りのうち、最も重要なものの一つである」としか記されていない。

ではキリスト降誕祭は、何ゆえ十二月二十五日に設定されたのかとなると、復活祭と違い、降誕祭の場合には、日付に太陽暦を用いてこの日に固定してあることに注目する必要がある。太陽が極限まで衰える冬至点（十二月二十二日）に到達し、それから三日後あたりから、再び復活の兆しをみせるからであり、その日をキリスト降誕の日と定めたのである。

この頃になると、サン・イシドロのような大きな教会では盛大なミサが執り行なわれ、その後教会から街の中心街に繰り出す盛大な行列を、マドリッドで見たことがある。

大きな十字架の後には台座に載せられたイエス・キリスト像、その後には黒い法衣をまとった聖職者、市の役人、鼓笛隊、着飾った踊り手たちが続くと、しんがりには黒い面を被った悪魔や魔女が奇怪な視線を周りの群衆に投げかけていく。

行列の最後部が近づいてくると、待ち構えていた町の人々は、手にした卵や紙のつぶてを、容赦なく悪魔や魔女に投げつけながら追い回している。十八世紀末までは石を投げたそうだ。

教会と役所、民衆が一体になった過去の原体験という奇妙な光景であった。敬虔《けいけん》な祈りの世界だけでなく、聖職者、役人と民衆も、同じ舞台を演じている光景に、キリスト教世界の別の側面を見た気がしたものである。

これもある年のクリスマスの頃だったが、アンダルシアの田舎に実家がある友人の家に招かれたとき、村の教会で執り行なわれたミサから帰ると、母親が朝から準備していた夕食が始まった。

メインの料理は、真っ二つに割られた子羊の頭を、アルミホイルに包んでオーブンで焼き上げたものだった。全員そろってお祈りを捧げてから戴いたカシラ肉と脳味噌の味は、まことに美味であった。「イエス様から頂戴したものだから、しっかり食べれば頭が良くなるよ」。友人の母親はそう言ったが、ご利益を戴かないことには、羊に申し訳ない気がした。

「キリストの降誕」 12 世紀　ソルソナ司教区博物館蔵

1月　どこか気の抜けたような新年

新しい年が明けると、日本人はあらたまった心持になるが、スペインでは元旦の朝夕、教会でミサがあるだけである。クリスマスが終わった町は元の姿を取り戻しているというより、どこか気が抜けたような空気が漂っている。

実際この時期のマドリッドの町並みは、寒々とした風情のなかに沈んでいるが、それでも木々が葉を落としているから、明るい空を広げている。夏になれば大きな木陰を作って、町行く人に涼風をもたらし、憩いの場になる歩道の並木のプラタナスも、今は丸坊主である。

そんなマドリッドの町角で、頬被りした太った女将さんが炭火で焼いた栗を三角に折った新聞紙で包んで売っている光景は、昔の日本の焼き芋屋を思い出させるが、香りも味覚も栗の方がはるかに優っている。

新聞を読み終わり、栗も食べ尽くした後は手が真っ黒になるのは仕方ないが、山栗であるから、腐っているものがけっこう混じっていて閉口したものである。

今はもう買うことはしないが、栗を包んだ新聞のニュースを読みながら栗を貪るように食べた若い頃が懐かしいのは、それだけこちらは加齢の域に達したということのようである。

洞窟のフラメンコ

大地が凍てつき、雪が横に流れるグラナダの街で、アルハンブラ宮殿と向かい合わせたサクロモンテの丘の洞窟を訪ねたことがある。

といっても冬眠中のジプシーを起こすのは気が引けたので、入ったのは洞窟群の一画にあるタブラオ（フラメンコの劇場）の方である。洞窟の住人たちのフラメンコは、街のタブラオで見るものと比べれば素人臭く、まったく洗練されていないが、高度に商品化されていない分だけ自然体で、それなりに感動したものだった。専門家によると、街中にあるタブラオと違い、洞窟の住民たちのそれはオリジナルにかなり近いそうである。

それでも実際に見物してみると、グラナダやセビーリャの有名タブラオの場合と、流れ方が同じパターンである。正面の壁を背にして二人のギタリストが、ほの暗い光の中で「カンテ・ホンド（深い歌）」の編曲を奏でている。

洞窟劇場タブラオのフラメンコ

黒ずくめのジプシーの若い男の唄い手が現れて、低くて暗いエントラーダ（序曲）を唄い出すと、幕間から次々に踊り子が出てくる。暗い舞台の中央の赤いスポット・ライトの中で、炎のような真っ赤な衣装の裾をたくし上げると、やがて動きは激しさを増してくる。

曲がギターの演奏が啜り泣くようなトレモロに変わると、踊りもゆったりとのびやかになり、底の深い未知の世界が垣間見える。

私はフラメンコの、あのひとときの間合の静寂の世界が好きである。そこには静かな祈りと、遠くを見つめる悲しげな視線の先に、虐げられてきた民族の哀感と、スペインの魂を感じ取れる気がするからである。

踊りは再び始動して動きが早くなると、激流に逆らうように激しく汗を吹き飛ばしたあとで、深い淵にそのまま流されていくように沈んでいく。そこは闇の世界、黒い魔性の世界である。

踊り手が眉間に深い皺を寄せた、苦悩の表情の中に見える黒い影。これをスペイン語では「ドゥエンデ」という。一見して、魔性を秘めたあの妖しい魅力は、ジプシーたちの魂の叫びそのものを意味しているといわれる。虐げられてきた流浪の民にしか分からない、民族の悲痛な叫びでもある。

セビーリャのサンタクルス街にある「ロス・ガヨス（雄鶏）」という名の、タブラオの女主人が解説してくれた。「フラメンコは、それほど暗い踊りなんですよ」。


それは、苦悩を快楽に置き換えようとする精神作用であるばかりでなく、人間がもっとも人間らしく生きられる世界の究極の表現であり、生きる真の姿そのものであるという。「私たちが見失った人間らしい価値観、感性を呼び覚ましてくれるがゆえに、見物する私たちは酔いしれるということでしょう」

ある音楽評論家は、そう解説する。

彼らが洞窟の中で培った感性の表現は、明るい陽光の下は似合わない。冬の洞窟の中こそ、彼らの心の故郷のようである。

素朴でしたたかな気質

だが近年、住人の層が替わったことは、洞窟暮らしが奇異な情景に見えた人間の思考に、大きな変化が現れてきていることを示している。それだけ、人々の間に現代文明への信頼感が揺らぎ始めている、とみることもできる。

元来、急ぐのが苦手で、冬でもシエスタ（午睡）をし、午後はほとんど働かないこの国の人たちにとって、スピード、効率、便利さといった、生産性を最優先する生き方に、多くの者が疲れている。

あまつさえ、「数値目標の達成」が幅をきかす思考、がんじがらめの法理論のもとに、人間が管理されている状況が背景にある。

これでは、それまで享楽を優先するのんびり志向だったこの国の人々にとっては、耐え難い状況になっているのも無理はない。われわれ日本人と違って、そんな生活に慣らされていなかったのである。

都会の建物一つとっても、直線的である。それだけではない。目に入るもののほとんどが、あまりにも一直線すぎ、それは、えぐるような鋭さと言ってもよい。

これが人々を殺伐とした空気に晒しているだけでなく、都会のもつスピーディーさと危うさが、絶え難くしていると指摘する心理学者もいる。たしかに人の動きを見ていても、都会の人はいつも何かに追われている。

だが時間の流れがゆったりしているアンダルシアの田舎では、こんな光景はまずお目にかかることはない。グラナダ山中に住み着いている日本人の知人が言っていた。

「アンダルシアでは、目に付くものがみんな丸く、厚みがあります。建物のような、人間が作り上げた物体だけでなく、人間の心にもどっしりと地に深く根をおろした生活感、ボリューム感があるのです」

たしかにアンダルシアには、私たちのような異邦人の心を熱く捉える、何かがあるのはたしかだ。

そこには、粉飾された世界の白けた心などとは無縁の、スケールの大きい大地にしっかり根を張った、素朴でしたたかな本音の姿が見えている。

暗闇に慣れたスペイン人

敬虔なスペイン人は、ほの暗い光がステンド・グラスから漏れ入るカテドラルの中で、光の中に神の姿を見出し、神と対話を終えると、そっと表の木戸を開け、白昼夢の世界へ戻って行く。彼らは元来、光と闇の世界を往き来している人たちである。

「スペイン人のほとんどはカトリック信者なのです。ですから、イエス・キリストと霊的につながる私たちにとって、カテドラルや教会が、もっとも心の安らぎを得ることができる世界です」。私の古い学友のスペイン人の社会学者が、そう言っていた。

スペインは、光と影の国と表現されるが、実際太陽の国の光は強い分だけ影の方もひどく暗い。実際建物など遮蔽物が作る影の濃さに驚くことがあり、建物の中から外に出ると、視点が定まるまでしばらく時間がかかるほど外は白の世界である。

しかも洞窟の中の場合には気温は二十度で、これは一年を通じて変わらない。したがって、酷暑の頃にジプシーがわが家に戻るのは避暑のためであり、冬が間近に迫ると再び舞い戻るのは、避寒のためではあるが、実は別の理由がある。夏と冬には、戸外の仕事がなく、収入源を断たれてしまうからである。

スペインは昔から牧畜と農業の国。馬喰《ばくろう》、つまり牛馬の良し悪しを見分ける目利きと売買の仲介業者の多くはジプシーだが、彼らは裕福なアンダルシアの旦那衆が相手の商売だから食いはぐれることはない。

だが特技のないジプシーの多くは、家族総出で移動しながらオリーブ、サフラン、葡萄、そしてオレンジの収穫期を追って移動する。仕事がなくても夏の間は、川の畔のテントや馬車の中で過ごせるので、洞窟に帰ってこない連中もいるが、凍てついた冬に身の置き場のない彼らは、冬眠のために何がしかの蓄えをもって、ねぐらに戻っていく。その意味では、彼らの生き様は、蟻や熊に似ているかもしれない。

それでも外国人や、マドリッド、バルセロナのような大都市に住んでいる通常のスペイン人が、別荘の洞窟にやってくるのは、ジプシー同様に避暑、避寒のためだけではなく、都会の喧騒とは無縁の世界に、安らぎを求めて来るのが、主たる理由らしい。

実際このように都会の住民たちが、別荘として洞窟住居を買い求めようとする、静かな動きがあるそうだ。つまるところ、物を持たないことの快適さとか、生活に疲れた人間たちが癒しを求めていることが、現実の姿となっているということのようである。

一月のコルドバ歳時記

では中世以来、アンダルシアの人々が伝統にしてきた『コルドバ歳時記』では一月をどう意識してきたのだろうか。一月はナウルーズ（またはナイルーズ）の月として、各地で祝日のある時期だった。西側イスラム世界の拠点で、後ウマイヤ朝の都コルドバでは、一月一日が祝日で、その前夜、つまり大晦日は結婚式に最も適しているとされた。歳時記では、正月にはマダーイン・ミナル・アジーン（ねり粉の町）という、城壁で囲まれた町の形をした菓子を作って祝う習慣があったと記されている。コルドバは兵士が五十万人もいた城塞で囲まれた町であるから、この町を菓子の形で表現したようである。

どの家庭でも未婚の娘たちだけが粉をねりあげ、焼きあがるとナイフを使わず指で割って食べたが、元来が砂漠で移動をしている民であるから、食器は極力持たず、絨毯以外に家具も持たない。

また人々は正月には互いに贈り物を交換し、貴人にはその人を賛美する詩を献げたとあるから、軍事要塞の町にも、心温まる生活のありようがうかがえる。

コルドバ歳時記では一月の気候について、「四日には暁にアル・バルダが東に上り、アッ・ディラーが西に沈む。獅子座の星の最初のナウが始まり、このときに降る雨をラビーと呼び、その縁起の良さはめったに裏切ることはない」とある。

十七日にアッ・サアド・ウッ・ダービフが暁に東に昇り、獅子座の鼻の部分に当たるアン・ナスラが西に沈む。このナウは七夜続き、縁起が良い。この間に降る雨もラビーと呼び、動植物の動きが活発になる様が人々の目につくようになる。一月は「鳥類のつがう月」というタイトルがついているが、木々では鳥がつるみ、ガチョウやアヒルの雛が目につく。ラクダは分娩のさいちゅう、牛は競うように仔を産み、乳はふんだんに出る。

大地からもやが湧き立つこの時期、オリーブやザクロの木に添え木を立て、果樹の苗が植えられ、早咲きの水仙が咲きはじめる。十日、コルドバでは葡萄の最初の剪定が行なわれ、十二日から月末まで玉ねぎの種を蒔くとある。同じアンダルシアでも、山中のグラナダ辺りでは大地は凍てつき、人は家の中や洞窟に閉じ籠ったままだが、コルドバでは人も動植物も、生気を漲らせはじめるのである。

コルドバの大地に生きる山羊

2月　生殖の風が吹くとき

二月はスペイン語ではフェブレロ（febrero）といい、ラテン語のフェブルアリウス（februarius）からきた。死者にいけにえを捧げてお清めしたり、贖《あがな》いの祭りをしたことに由来するとされる。その祭りに欠かせないのがローソクだが、闇を照らす一条の光に、人々は深い思い入れをしたようである。

二月は最も寒い月、氷雨が降る月、長雨でうんざりする月、最も短くて天候が悪い月、という具合に、二月を引き合いにした南仏の諺の類には、暗くてネガティブなイメージがついて回る。いずれも天候に由来しているが、実際、アンダルシアの田舎では、退屈した農夫たちが朝から村のバール（居酒屋）で達磨ストーブを囲み、同じ会話を繰り返している。

二月はまた一日に七回も天候が変わるといわれるほど、不安定な日が多いとされているが、それでもマドリッドなどの大都市では日が差しているときは、歩道や公園のベンチは、年寄りたちの溜り場になる。

彼らを見ていると、男の老人たちの間では会話が弾んでいる様子もなく、昼食の始まる二時頃になるとみんな家に帰ってゆくが、食事が終わってしばらくすると、またどこからともなく集まってくる。周りに仲間がいるだけで、安心感につながるようである。

バール文化

スペインは南欧の太陽の国であるから冬でも暖かいと思われがちだが、暖かいのは地中海沿岸だけで、内陸部の冷え込みは想像以上に厳しい。越冬ツバメが椰子の木陰に舞い降り、家々の白い窓辺に色とりどりの花が咲いているセビーリャやコルドバでは寒さを感じないが、南のグラナダなどは、シエラネバダおろしの寒風は刺すように冷たく、暖かいはずだと思ってやってきた旅人たちを震え上がらせる。

冬にもっとも客で賑わっているのはバールである。サラリーマンや店員たちは朝バールに立ち寄って、コーヒーやグラスのワインを啜りながら新聞を読んだり、仲間と大声でひとしきり世間話をしてから職場に立ち去った後は、老人たちの溜り場になる。

昼食時には汐が退いたようにがらんとするが、夕方からは若者や勤め帰りの人間たちが、手を擦《こす》りながら白い息を運んでくる。彼らはビールのグラス片手に、オリーブやイワ

どこからともなく、ベンチにお年寄りが集まってくる

シのオイル漬け（ボケロネス）をつまみながら、大声で口角泡を飛ばしている。なかには朝・昼・晩の三回も立ち寄る人たちがいるバールは、彼らのコミュニケーションの場であり、離散集合の起点でもある。人々の輪の中に自分を置いていないと不安なのだ。スペインのバール文化は、数百年もの間、今も健在である。

コルドバ歳時記にみる二月

『コルドバ歳時記』のこの月のタイトルは、「生殖の風が吹く二月」となっている。二月十三日の暦には「暁にサアド・ウッ・スウード（幸せのなかの幸せ星）が東の空に昇り、アッ・ジャブハが西に沈む。

アッ・ジャブハのナウは七夜続き、縁起が良い。このナウの間に「生殖」の風が吹き、羊が交尾し、よいラクダの仔がたくさん生まれる」と書かれている。

二月は翌月には熱にして湿の「気」に変わろうとする、最後の寒・湿の時期である。しかもこのナウは、満月の十五日を挟んで十三日から七日続くことになっている。つまり、二月の満月を挟んで動物の交尾や分娩のような生殖活動がもっとも活発な時期ということになる。しかし、二月以外の満月でも生殖サイクルと関わりがあるとみられ、この暦にも、一月の満月の頃を「鳥がつるむ時期」と書かれているし、四月十五日の満月には「グァダルキビル川下流のセビーリャ郊外にあるアル・マダーインの放牧場では、種馬を雌馬へ向けて放つ」と記されている。

イブン・アル・アワムの書にもコルドバ歳時記にも、六月十五日には雌馬は牡馬から引き離すようにと書かれているのは、もう雌馬は受胎しているから、この日から翌年の三月中旬の満月の頃の分娩の日まで、流産を避けるために、別々に置かれるのである。

もう十数年前のことだが、コルドバ郊外の田舎道を車で走っていたとき、私は淮木の林の中に、自然石を積んだままの石垣が辺りを囲い込んでいる放牧場をみつけた。「Coral de Fernandez」（フェルナンデス牧場）の看板が架かり、そこはアンダルシアンという種類の白いアラブ馬の育成場だった。

道を隔てた広大な屋敷のなかには牧場主の館があり、思い切って訪ねてみると、五十がらみの太った主人は意外にも話好きの人であった。

「かつてウィーンの華麗な宮廷生活を彩った白馬も、現在、英国のエリザベス女王が乗る馬も、この辺りで生産されるんだよ。もちろんわが牧場の馬もね。かのナポレオンがお気に入りの馬も〝アンダルシアン〟だったそうだ」

主人の話によると、アンダルシアンは、小型の白いアラブ馬の血を引いてやや小型だ

放牧場のアンダルシアン

が、優雅で知性を感じさせる表現力豊かな表情、低めの腿の位置、膝の運動能力の高さなどが特徴だそうだ。並足、全力疾走、ジャンプなどの流れるようなフォームの美しさが、昔から貴族社会で好まれていたのである。

それから、馬の生産方法について語り始めた主人の話を聞いていると、コルドバ歳時記にも書かれているように「満月」にこだわっていることに気がついた。

「寒い季節の満月になると、雌馬は発情するんだよ。馬体のしっかりした台雌を選びだすことになるが、まだ発情が十分でない場合は、激しく噛みついたり、蹴飛ばして牡が傷つけられる。そこでまず、力仕事用の牡の駄馬を近づけるんだ。

そこで雌が発情しているかどうか試したり、発情を促して、雌が受け入れ動作をすると、駄馬はそこでお役目ご免となって引き離される。それから状態の良い、血統もしっかりした極上の本命の牡が登場するわけだ」

主人は事もなげにそう言ったが、引き離された哀れな牡馬とは、世間でいう〝当て馬〟の語源になったらしい。

アーノルド・リーバーの学説

満月の頃には動物の生殖機能が活発になるという学説は、『月の魔力』という本を著したアメリカの精神医学者アーノルド・リーバー博士の主張にもみられる。

リーバー博士によると、満月になると性犯罪、凶悪犯罪や事故が増えるのだという。しかも全米で起きた事件や事故のデータを分析すると、緯度が高くなるほど発生率が上昇し、東西に取るとほとんど変わりないのだそうだ。

彼は満月には潮位が最高度に上がり、しかも緯度が高いほど干満の差が大きいことに注目して、地球の表面は北に行くほど引力を受けていることと関係があると主張する。

北極圏のベルゲンに行ったとき、船着場の桟橋が沖に向かって長く延びているのを見たことがあるが、船の座礁を防ぐためにほかならない。

つまり北に行くほど、月から引っ張られる引力が強く、とくに満月のときに大潮になるのは、地球が月と太陽から受ける引力の合成値が最大になるためである。

リーバー曰く、この現象を人体に置き換えると、八〇パーセントが水分であることから、満月にはルナティックになるというのである。そしてリーバーの学説には、コルドバ歳時記に記述されている家畜の生殖行動との関連性を見出し得る。先のアンダルシアンという白馬の生産者が言う「寒季の満月になると、雌馬が発情する」という現象がまさに当てはまる。

　これとは別の話だが、スペインの牧羊業者は、良質の牧羊犬を得るために、発情した雌犬を月明かりの森に放って帰ってくる。優れた嗅覚をもつ狼の群れのなかの屈強なオスと交配させ、戻ってきた犬を大事に育てて子供が生まれるのを待つのである。

日本の民俗学に見る満月の行動

　これは真面目な学問上の話なのだが、私は昔の満月の頃の若者の行動について書かれた、日本の民俗学の研究書や論文を何篇か読んだことがある。俗にいう〝夜這い〟という風習について書かれた研究報告である。たいていの村落には若衆組という組織があり、リーダーや、リーダーから認められた若者は、〝下駄もち〟という見習いの手下を連れて、気に入った娘の家にそっと忍び込む。手下は物陰で預かった下駄をもって待ち、首尾よく目的を達して帰ってきた若衆から後学のために手ほどきを受けるが、家人に見つかり失敗して帰ってきたときは、一緒に逃げることになる。だがこれは迎える彼女も裏木戸を開け、雨戸の内側のサンを外しておくといった、協力がないと成立しない行為。

注目する必要があるのは、若者と娘が知り合う村祭りや盆踊りも、旧暦の十五日の満月の夜だったことである。そしてこの奇妙な風習は、民俗学では定説になっている「日本は古来フリー・セックスの国だった」ことと無縁ではなさそうである。

さらに万葉の時代の男女の交わした歌にもみられるが、満月の頃は恋の季節だったことを物語っている。

月明かりでないと行動できないということも関係していただろうが、リーバー博士の説や、コルドバ歳時記にも通じている。

日本土着の神道では、「物を生み成し、造り成す産霊《むすび》の観念が根本原理となっていた」がゆえに、農業にみられる自然と一体化した生産活動は、生殖と結びついていたから、祭りとセックスが奨励された。つまり生命誕生の神秘な力が稲の生育、収穫と結びついたことは、生産活動そのものが神事でもある。五穀豊穣への祈りとセックスは、共同体の活力を再生する原点であり、ここに日本文化の原型があると、多くの民俗学者は主張する。

コルドバ歳時記や民俗学の報告書では、〝月〟は確かに魔物である。こうしてみるとあらためて、われわれは宇宙の法則に支配されていることを実感することになる。

荒涼としたアンダルシアの冬景色

広大なアンダルシアの一画には、中世のヨーロッパの文明が失速して痩せ細り、暗かった時代にオリエント文明の眩《まばゆ》いばかりの光が差し込んでいた都コルドバや、大航海時代に新大陸と結ばれたヨーロッパの玄関ロセビーリャ、そして妖艶な光と影の町グラナダのような町もある。

だが真冬の時期にそんな町を少し離れると、人間を寄せつけそうにない最果ての地アンダルシアは、死の世界を連想させるほどの凄まじさで迫ってくる。ここはしばしばアメリカ西部劇のロケ地にもなった舞台であり、この荒々しさこそ、スペインそのものである。

たしかに、大地が乾ききった荒涼とした世界に入ると、死や不毛といった、生の世界が拒絶されているような、ネガティブな世界が連想されてくる。だがしばらくするうちに緑や生命力、躍動感といった、逆方向に志向するベクトルが自分の内部に働いてくるのも事実。二月は春が待ち遠しい季節である。

冬のラ・マンチャ

3月　陽光まぶしい春の足音

春浅い三月は、カスティーリャ中央部のマドリッドではまだ寒い日が続いている。それでも中旬を過ぎた晴天の日には、光のなかのじわっとした暖かい春の息吹に、春の訪れの近いことを実感する。

一月や二月の冬のさなか、車でラ・マンチャやアンダルシアの原野を行くと、前年の秋に枝や幹が切り落とされ、残された葡萄の切り株が寒風の中で耐えている姿はけなげに見える。それでも三月半ばになると、赤土が映える広大な葡萄畑では、もう薄らと芽吹き始め、開花する五月まで、穏やかな陽光のなかで、歓喜に満ちた活発な活動をする。

三月に入ったこの地方では、村人は日の出とともに畑に出るが、まだこの頃はのんびりと剪定したり、霜の害から守るために寄せてあった土を起こして、陽光を根株に与えたりする作業だけである。昼になると車ではなく、ロバかラバの背に乗って家路につく人が今もいる。家族揃って長い時間をかけて昼食をとった後は、シエスタ（午睡）をする。私たちが見失ったゆったりとした生活のリズムと、心温まる愛情に満ちた生活がここにはある。

コルドバ歳時記にみる三月

『コルドバ歳時記』では、月の初めは冬、月の半ばから春とあるが、言うまでもなく三月は季節の変わり目である。

太陽暦では、春分点は三月二十一日あたりだが、コルドバ歳時記では、「十六日、太陽は双魚宮を出て白羊宮に入り、昼夜の長さが等しくなる。春分」となっている。コルドバ歳時記には太陽暦が加味されていても、ナイルの氾濫を予測するエジプトのコプト暦と月の運行を基準にしたマホメット暦（太陰暦）が基本になっているために、ズレが生じるのである。

春の訪れは動植物だけではなく、人体の健康状態にも反映される。現代医学でも三月の季節の変わり目には自律神経が乱れやすいと指摘されているが、その目安になるのが春分である。

ちなみに黄道が天の赤道と交わる二点を分点と呼び、そのうち、太陽が年周運動によって赤道の南側から北側に横切る点が春分点で、もう一つが秋分点である。

ラバの荷車は乗り心地がよい

コルドバ歳時記では、春分点を過ぎた直後から、「特質は熱にして湿。気の性に適す。体液は血液が支配的。衣食住、動作などに最も良いのは、温め、適度に溶かし、熱も適度で、わずかに湿なもの。春は中庸で片寄らぬ体質をもった人びとに適しているが、乾にして寒の体質をもった人には合わない。すべての季節中、もっとも温和で、人体に最も快適である。服薬にも刺胳《しらく》にも適している」とある。

刺胳とは瀉血《しゃけつ》のことをいい、悪い血液を抜く、伝来のアラビア医学にみられる療法である。

どんなナウかについてコルドバ歳時記には、次のように書いてある。

「十一日、暁にアル・ファルグ・アル・ムカッダムが東に昇り、アッ・サルファが西に沈む。アッ・サルファのナウが始まり、三晩つづく。寒さがぶりかえすから、この星はサルファ（ぶりかえし）と呼ばれている。この星が暁に東空に昇るときは（九月九日）、暑さがぶりかえす。この星はまた〝時の犬歯〟とも呼ばれているが、その意味は、二つの季節の間（冬と春との間、および夏と秋との間）で笑って見せるからである（笑うと犬歯が見える）。

このナウの間に幼児を乳離れさせると、もはや母の乳をほしがらぬ。このナウで冬は終わるが、この際に降る雨をラビーと呼ぶ。

十七日、冬は終わり、春が始まる。二十四日、暁にアル・ファルグ・アル・ムアッハルが東に上り、アル・アッワーが西に沈む。アル・アッワーのナウが始まり、三夜続く。この星は獅子のあとをついていく犬の群にたとえられ、また獅子の両方の腰だという者もいる。春の初めのナウで、その間に降る雨をサイイフと呼ぶ。二十五日、この日に吹く風は激しいため、早生《わせ》のイチジクを傷め、他の果樹の結実にも悪影響を与える。二十九日、この日および、これに続く二日の間に起こる風は激しく、大部分は暴風となる。」

このように、星の観察を通して、そのときのナウで地上にどんな現象が起きるか予測し、農作業の指針にしているが、三月はそれだけ自然界の変化が大きいことを示している。

農作業では、「この月の間にイチジクに接ぎ木をする。早生の穀物は茎の上に立ち、大抵の果樹は葉を出し始める。早咲きのバラやユリが芽を出す。菜園ではソラ豆が伸びる。サトウキビの植え付けをする。胡瓜の苗を植え、綿やベニバナ、ナスなどの種を蒔く」とある。昔から「三月は抜くこと、蒔くこと、植えること」と言い伝えられてきたが、植物の成長を見る一方で、種蒔きや苗を植える作業に精を出していたことが分かる。

コルドバ王国の時代、人口百万人を抱える大都市だったのであるから、それだけ郊外の農園では農作業に忙しかったのである。

動物たちの活動も活発で、「バレンシア種の鷹の雌は河の中州に卵を産み、三十日の間あたためて、四月はじめに及ぶ。ウズラが姿を見せ始め、蚕は孵化する。イナゴの幼虫が姿を見せ、その駆除が発令される。孔雀、コウノトリ、キジバトその他いろいろの鳥がつるむ」とある。そして満月の十五日には、「グァダルキビル川下流のセビーリャのアル・マダーイン放牧場では、雌馬の分娩が始まり、四月中旬まで続く」となっている。

面白いのは、コルドバを流れるグァダルキビル川に、「海からは、チョウザメやニシンが川にのぼってくる」という記述である。この町から一四〇キロ川下のセビーリャからさらに一二キロ下った、日本のサムライたち（伊達政宗が送った慶長遣欧使節団）の子孫が、四百年前から住み着いたことで知られるコリア・デル・リオ辺りでは、いまでも小型の漁船が漁をし、船が着く桟橋付近には、魚の朝市が立つ。

だがコルドバ辺りでは乾季には河川敷の合間を水がわずかに流れているだけで漁はできないが、春には雪解け水で水量が増すせいか、ここまで大西洋に生息するチョウザメやニシンが遡上していたことが分かる。

さらには「この月の間に地方の役人にお触れがまわり、政府のために、夏の遠征に使う馬を買い付けるように指令される」という記述もあり、最盛期のコルドバの有り様が垣間見えている。

出立の日が近いジプシーたち

冬の間、暖かい洞窟のなかで蟻のような生活を楽しんでいたジプシーたちにも、旅に出る季節はすぐそこまで来ている。もともと物を持たない主義の彼らであるから、出立の準備といってもいたって簡単である。

洞窟住居に入ってまず気がつくことは、家具がなく、あるのはテーブルとイス、ベッドだけである。そのほかには鍋、釜、食器類——すべてはそれだけである。衣装入れといえば、それぞれの寝室に棚の形に壁がくり抜いてあり、漆喰で白く塗られている。くり抜き型の家具というわけだ。

彼らの物を持たないことの快感、物質からの解放感は、安心感にもつながっている。人生の後半にいる私には、ずしっとくる光景である。

洞窟の先住民のイスラム教徒たちは、もとを正せば遊牧民であるから、旅の連続であった。つまり、毎日が非日常の生活では物を持たないことが生活技術の基本であり、移動生活の基本である。遊牧にはテントをもって出るが、砂の上に敷く絨毯が唯一の家具である。

パリ郊外のベルサイユ宮殿の中に一歩入ると高価な家具や調度品の数が多いのに驚くが、アルハンブラ宮殿にはイス一つないことに、新鮮な驚きを感じるはずである。この宮殿の造りは、片膝ついて座ったり、体を横たえて眺めるのが最も美しいとされる理由にも納得がいく。

イスラム教徒が出て行ったあと、洞窟の住民となったジプシーも旅から旅への生活であるから、物は極力持たないようにしていた。そして今日新たに洞窟の住民の仲間入りしたスペイン人や外国人たちも、ここではほとんど物を持ち込まない。「物事を深く考えたり沈思黙考する静かな精神生活を大事にするには、極力簡素な生活がよい」。鎌倉円覚寺の住職朝比奈宗源はそう言っていた。日本の寺も中国西安の古寺の僧たちの居室も至って簡素で、あるのは小机一つだけである。

この光景を思い出した私は、洞窟の住民の一人が「われわれの文化の方がレベルが高い」と言った意味を理解した気がしたのである。

コルドバ歳時記は今も生きている

現在でも「スペインは永くイスラム文明の恩恵を受けてきた」とする見方がある一方

で、「イスラム文明はスペインの近代化を遠回りさせただけ」という論争が、内外の歴史家の間で続いている。だがヨーロッパに唯一存在したイスラム世界にあって、かつての輝ける文明の存在が大きかったことに、異論の余地がないことは確かだ。

彼らは星と月と太陽の運行をつぶさに観察して法則性を見出し、巧みに生活に応用していた。原因と結果との間に法則性が成立するのが科学の原則であるが、そこには遊牧民が旅の途上で見出した経験のなかに、統計と確率から編み出した予測も加算された。それがコルドバ歳時記だったのだが、日常と非日常を問わず、どの世界にあっても生かすことができる、経験に立脚した生活科学であった。言い換えれば宇宙の法則に支配された普遍性を求める、壮大な思考が根底にある一方で、きわめてありふれた現象として、さり気なく捉えている思考が素晴らしい。

そして今日、姿形は変わっていても、そのルーツを辿ると行き当たるのが、千年以上も前のあの歳時記である。われわれが日頃体験する春先や初秋の体調変化、酷暑の過ごし方や体調管理の知恵、何気なく見ていた動物の行動や植物の成長変化にも、鋭い観察の目を働かせた彼ら。コルドバ歳時記に関心をもった私には、「歳時記とは何か」「歴史とは何か」をあらためて考える機会になった。

広大なアンダルシアの大地にあって、コルドバ、グラナダ、セビーリャはじめ、どんな小さな町や村にも、他のヨーロッパ諸国にはない独特の光と影が健在で、今日でもその異彩は衰えることがない。厳しい風土のなかで暮らす人々の、自然との愛情溢れる共生の仕方と知恵は、異邦人の心を捉えてやまない、えも言われぬ魅力に満ちている。

迷路のような細い石畳とくすんだ瓦と白壁の町コルドバ。名状しがたい翳りに惹かれた異色の詩人ガルシア・ロルカが、「遥かなる孤独なコルドバよ」と詠ったいにしえの都は、今もスペインの南の空の下に、静かに佇んでいる。

アンダルシアの日本人《ハポン》たち

アンダルシアの日本人《ハポン》たち

スペイン南部、アンダルシア地方の花の町セビーリャは、古都コルドバを流れるグァダルキビル川の川下一四〇キロにある大都市である。冬でも家々の窓辺には色とりどりの花が咲き乱れ、街路の高い椰子の木陰には越冬ツバメが舞い降りる。この明るい陽光のなかにも、しっとりと落ち着いた雰囲気が町中に漂っているのは、歴史を重ねてきたせいだろう。

そのセビーリャの中心地からさらに一二キロ流れ下った右岸のコリア・デル・リオは、一見して何の変哲もない小さな白い町。しかし上流のセビーリャとコルドバの中間あたりで、雪解けの水を湛えたヘニール川が流れ込むため、ここまでくると、川幅三百メートルほどのグァダルキビルはさすがに大河である。

その川岸の町コリア・デル・リオが平成の世になると、スペインでも日本でも、にわかに脚光を浴びるようになった。四百年前この国に辿り着いた、仙台藩のサムライたちの子孫が住む町として知られるようになったからである。

不思議な歴史物語の始まり

そもそも私がこの町の名を知るようになったのは、今から二十四年前にさかのぼる。私とコリア・デル・リオの町との出合いの経緯については、すでに別書に詳細を記してあるが、ある妙齢の女性から、

「あなたは日本の方？　私の先祖は日本のサムライだったのです」

と声をかけられたことに始まった。セビーリャの花祭りの会場となっていたマリア・ルイサ公園のなかでの出来事である。それから彼女は、ぜひその町を訪ねてほしいと、連射砲のようにまくしたてると、仲間のほうに走り去ってしまった。

そのときの私は、狐につままれたような心持ちだったのはいうまでもない。一九八九年三月中旬のことであった。

当時私は、スペインの農業経済史の研究フィールドとして、セビーリャから西へ十数キロ離れたアルファラフェ地方一帯を調査するために、日本から来たばかりであった。当地で十二世紀に書かれた農書の記述内容と、現在の農業景観を比較していたのである。その農書とは、本書にもしばしば登場したイスラム系農学者イブン・アワムにより、アルファ

ラフェ地方の農業技術について、『コルドバ歳時記』の約百年後に実践的に書かれた『古農書』のことである。

それから三ヵ月が過ぎ、私が勤務していた大学が暑中休暇に入ると、すぐにまたアルファラフェにやって来た私は、そのなかのオリバレスという小さな村の、居酒屋と食堂を兼ねたカサ・デ・ティオ・ペペ(ペペ叔父さんの店)というひなびた宿屋に滞在していた。村の名前からしてオリーブの木が周辺を囲っている静かな村であった。

ある日のこと、太って髪が薄く、浪曲師のような錆びた声を出す店主のペペから、

「日本人のあんたには必見の記事があるよ」

と、その日のスペイン全国紙「ABC」に掲載された記事を見せられた。

「大航海時代の歴史がもたらした意外なミステリー、いまベールを脱ぐ」というタイトルで、「事実だったスペイン娘と日本のサムライのラブ・ロマンス」という、なんとも刺激的な内容であった。

この春、セビーリャの花祭りで声を掛けてきたあの娘のことがすぐに頭に浮かんだが、狐に化かされたような心持ちは打ち消しようがなかった。

追い打ちをかけるように、その夜のテレビ・ニュースが、「セビーリャ郊外の川岸の町

コリア・デル・リオに、日本人の子孫が六百人住んでいる事実が判明!」と告げていた。……マスコミがこれほどセンセーショナルに伝えているのだから、これはもしかしたら、本物かもしれない。

アンダルシアは広大な大地。だが問題のコリア・デル・リオは、農園地帯で有名なこのアルファラフェから、南にわずか一五キロ行った小さな町だったことも、意外であった。驚きと同時に、「奇想天外」「事実は小説よりも奇なり」というフレーズが頭をかけ巡った。

それ以後、後に引けなくなった私は、このミステリアスな歴史のベールを、一枚一枚剥がしていくことになる。

ミステリーの続き

コリア・デル・リオのハポン姓の人たちは四百年前、この地に上陸した支倉常長一行のサムライたちの子孫だと主張していた。ということは、伊達政宗がスペインとローマに遣わせた慶長遣欧使節団は、「ヨーロッパの最高権力者の前に初めて登場した日本の外交使節」という歴史に刻んだ足跡だけではなかったのだ。

そして彼らの血を引く大勢の子孫が今コリア・デル・リオの町に住んでいるということは、地元の娘たちと恋に落ち、〝きわめて人間らしく生きた証〟まで残していったことになる。

……表情を抑えた日本の娘たちよりも、情熱をむき出しにしたようなスペイン娘との恋の方が、たしかに人間らしくて、ロマン溢れる話だ。サムライたちもやるなあ。

驚きはいつしか、私をすっかり彼らの虜にさせてしまっていた。その一方で、「これは単なる風説に過ぎない」という、否定の気持ちもかなりあったのは事実だった。

だがこのとき、日本へ帰る日が迫っていた私は、後ろ髪引かれる思いで日本へ帰って行った。大学での授業が待っていたからである。

私は日本に帰ると土産話のついでに、今は亡き京大名誉教授飯沼二郎先生に話して聞かせた。先生はイブン・アワムの『古農書』に、いたくご執心だった人である。

土産話のほうに話が移ると、先生の顔にサッと赤みが差し、

「この問題はそのままにしておいてはいけません。これはその可能性大ですよ」

と、膝を乗り出してきた。

世界農業史の大家から後押しされて、私は翌年の夏、問題のコリア・デル・リオの町にやって来た。以後も毎年、春と夏に大学が休みに入ると、問題の地へ通うようになったの

である。

そのうちに、いつのまにか専門のフィールド・ワークはそっちのけで、スペイン各地やフランス、イタリア、さらにメキシコに残した日本人たちの足跡調査と、古文書館通いが始まった。

コリア周辺の水田

その年、初夏のコリア・デル・リオの西側と、その先のプエルタ・デル・リオの集落は、青々とした水田が辺り一面に広がっていた。実をつけたばかりの若い稲穂が風の中にそよいでいる。

驚いたことに田んぼは畦道で仕切られていて、グァダルキビル川に流れ落ちるプディオ川の水を引いた小さな水路が、次から次へと水田に水を注いでいた。これは私たちには見慣れた光景であった。まさに日本の田園風景そのものだったのである。

プディオ川は真水で、この水が水田一帯を潤した後、グァダルキビル川に流れ落ちていた。コルドバ、セビーリャを流れ下るグァダルキビル川は、コリアの川下九〇キロで大西洋に注いでいるから、満潮時には海水が逆流し、コリア辺りの水は塩分を含んでいて、稲作に適さないことを後で知った。

だがこの稲作風景は、すぐ隣の集落コリア・デル・リオまで続いていた。小川の近くにある白壁の集落に住む農夫たちに聞いてみた。

「どうやって田植えをするのですか」

すると日焼けした中年の農夫が答えた。

「以前は苗床で育てた苗を手で植えていたんだが、今では田植作業は機械だね。それでも、苗床に撒いたモミから育てるやり方は変わっていないな」

私は以前、パエリャで知られた地中海に面したバレンシア地方の水田を調べたことがあった。町の中心街にある古文書館で、十六世紀、十七世紀の農業文献を漁り、『中近世のバレンシア地方の農業と利水』という論文にまとめたのだが、そこはイタリアの場合と同じで、だだっ広い水田にモミをばら撒く、「ばら撒き法」のままだった。

コリア周辺でも以前から同じ方法で稲作をしていたはずだが、いつのまにか、これが日本式に変わっていたことになる。だが、それはいつからなのか。

「日本人」「稲作」。ミステリアスな話に、光明が差し込んできた気配を私は感じ取っていた。

さらにそこには、もうひとつ後押しする事態が待っていた。川魚がたくさん獲れる事実

コリア・デル・リオの水田

を知ったのである。

実際、大西洋に流れ下るグァダルキビル川のコリア・デル・リオの岸辺には、小さな漁船が十艘ほど係留されていた。通常は魚のサイズに合わせた網目をもつ刺し網を、魚群の通路に流したり、下流に仕掛けた定置網を、毎朝引き上げに行く船だった。エビやカニのほかに、コイやボラ、ウナギなどが獲れるのだそうだ。「米」と「魚」。この二つがあれば日本人には格好の永住の地である。

四百年前の出来事

話は一六一四年秋十月のコリア・デル・リオにさかのぼる。伊達政宗から遣わされた支倉常長を大使とする日本人二十六人の使節は、太平洋と大西洋の荒波を乗り越えてスペインに到着した。その上陸地点が川岸の町コリア・デル・リオであった。

そこは世界狭しと活躍した大航海時代の無敵艦隊や商船隊の玄関口だった町である。その当時、新大陸の金銀財宝を積んだ船が立ち寄ると、この町で税関手続きを終え、警備の兵士を乗せて、終点のセビーリャまで上っていったものだった。

では彼らは何のために地球の裏側の日本から、はるばるやって来たのか。実は支倉常長らは、スペイン国王フェリペ三世に仙台藩との国交樹立を持ちかけ、さらにローマに上って法王に謁見して、交渉の後押しを依頼していた。政宗はスペインを味方につけ、奥州を徳川幕府が手を出せない独立国家にすることを、かなり本気で考えていたとみられる。

もともと野心家の政宗だが、これはとてつもない野望である。その実、無名で目立たない藩士支倉が大使に抜擢されたのも、失敗して事が露見した場合、「そんなことは、初めからなかった」と丸く収めるつもりだったからとみられる。

国王やローマ法王に手渡した親書は、政宗の署名だけ書き入れ、内容は現地で随員が書いたのも、幕府が密使を送り込んでくることに警戒したために違いない。実際、藩士のほかにも日本各地から集まってきた切支丹の中に、二人の隠密と思しき男が混じっていたのである。その一人は日本に帰らず、アンダルシアの西北端の〝小セビーリャ〟と呼ばれる美しい町に消えたことが判明している。一行の大半が帰国した五年後、自ら「支倉使節の随員のサムライだった」と名乗り出た瀧野嘉兵衛という男の裁判記録が、セビーリャの国立古文書館に現存しているからである。

そこで支倉一行のその後の行動を見ると、まずコリア・デル・リオに一週間滞在して、セビーリャ入りの支度をする。この間、和洋折衷風の普段着を現地で作らせたが、セビー

復元された使節団の船サン・ファン・バウティスタ号（宮城県石巻市）

スペインに着いた支倉一行が滞在したアルカーサル宮殿（セビーリャ）

ローマ法王パウロ５世（左）と支倉常長（右）（17 世紀　仙台市博物館蔵　国宝）
慶長遣欧使節関係資料は、2013 年ユネスコ記憶遺産に登録された

支倉がパウロ５世と非公式に謁見したクィリナーレ宮殿（ローマ）

使節団がローマで宿泊したサンタ・マリア・イン・アラチェーリ教会付属の修道院

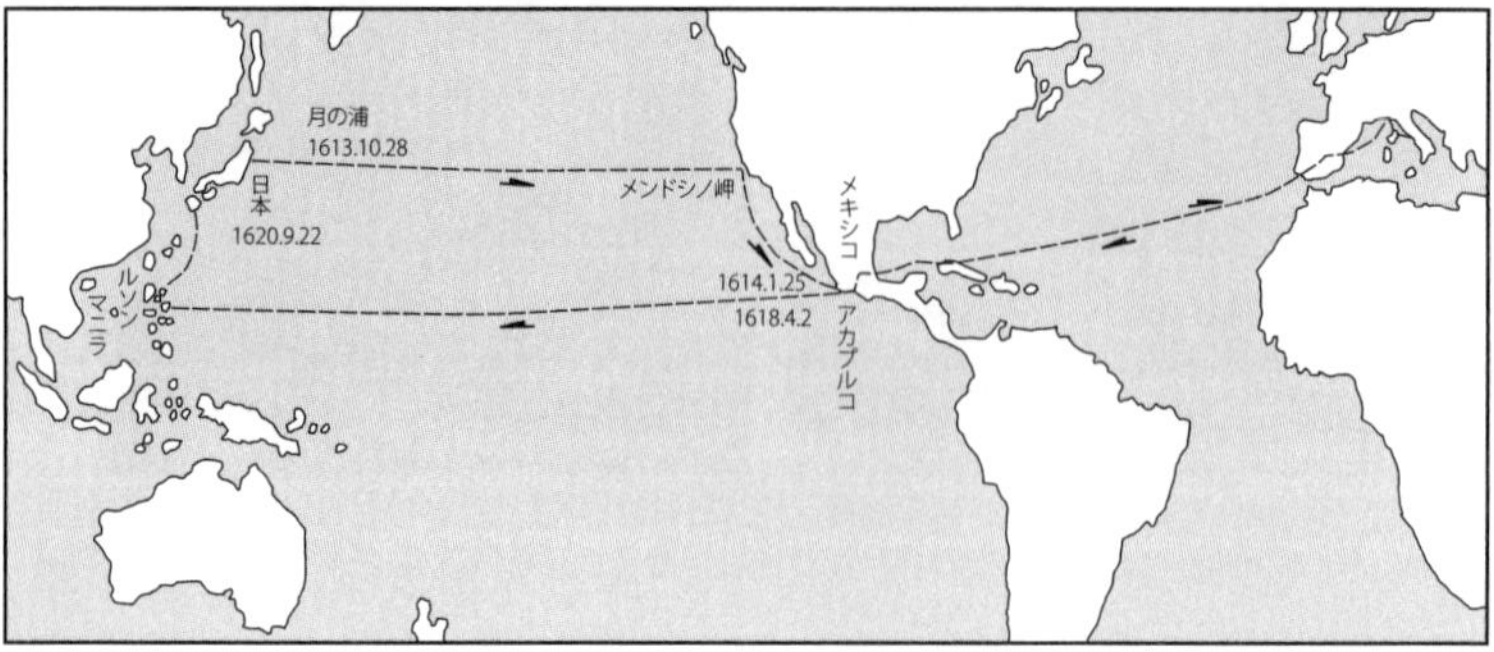

支倉使節団の全行程

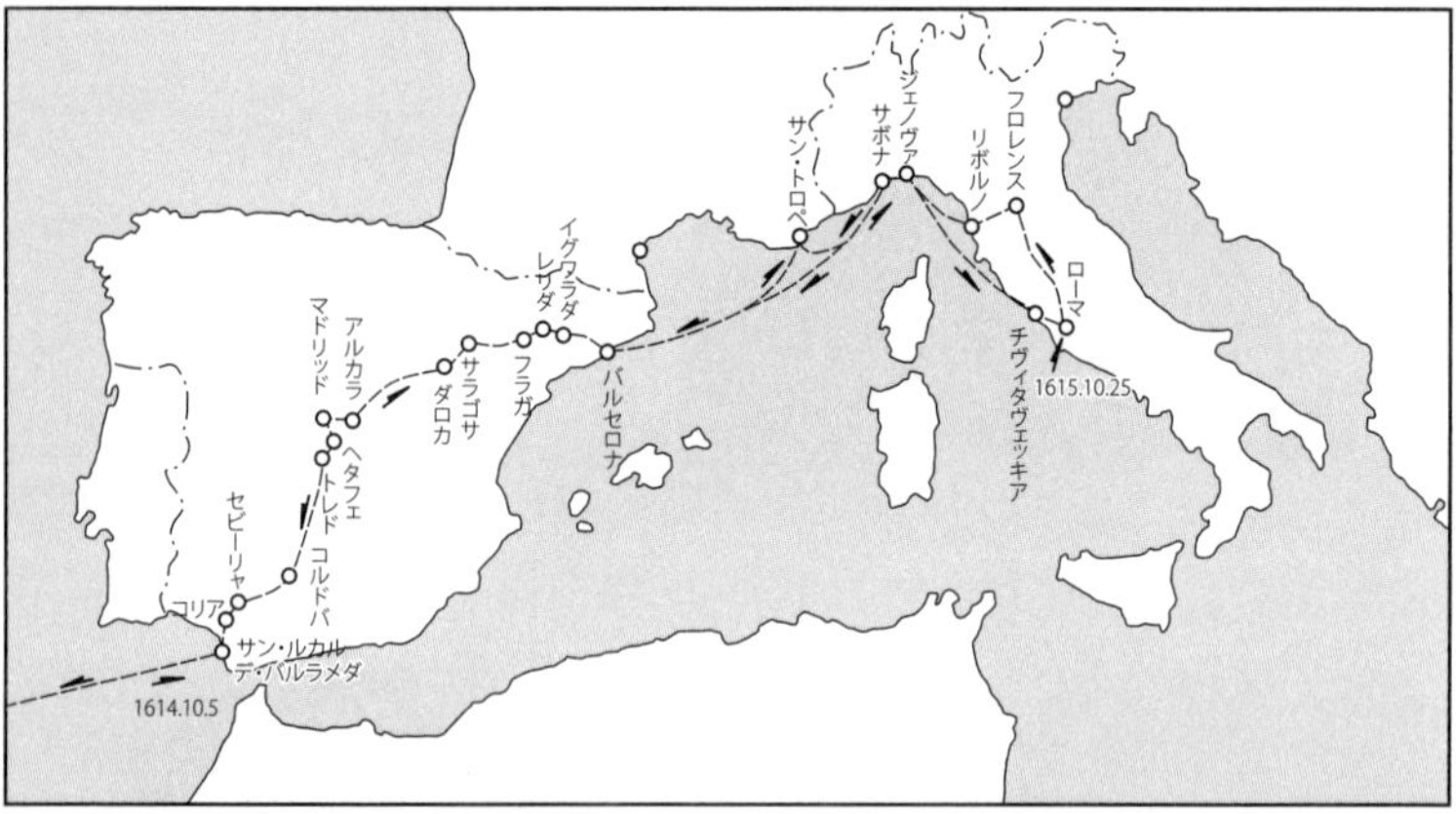

ヨーロッパにおける行程図

リャに入った日は全員羽織袴に衣を正し、刀も二本差していた。日常は現地で作った服を身に着け、公式行事では和服で通したが、この日、宿舎となったアルカーサルの城までの道は、両側黒山の人だかりで、警備兵が出て群集を鎮める始末だった。

その後、セビーリャには一ヵ月滞在してから、コルドバ経由、ラ・マンチャを馬の背で越え、トレドを経てマドリッド入りする。当地では八ヵ月も滞在したのは、国王との外交交渉がはかばかしくなかったからだが、支倉はじめ随員たちは、完成間近のマヨール広場を見たり、近くの繁華街で憂さを晴らしていたことが、記録に残されている。

その後一行はローマ法王にスペイン国王とのとりなしを依頼するために、ローマ入りする。ここでは、古都の目抜き通りをパレードしてローマ市民に強い印象を与えたが、東洋の不思議な国ジパングでしかなかった日本への認識を改めさせることになり、大使支倉常長と部下たちが、みんな好印象を持たれたことも収穫だった。

だが法王との交渉も実らず、帰国の途につく頃になると脱落者が出てくる。その一人が前出の、支倉の護衛隊長を務めた謎の男滝野嘉兵衛であり、日本名は判らないが通訳を務めた現地名モンターニョのように、どこかに消えた男もいた。

そして彼らのほかにも、仲間が帰国の途についたときには、船出の町となったコリア・デル・リオに住み着いた者もいた。

アンダルシアの日本姓の人々

コリアに住みついた人数

ではいったい何人が残留したのか。総勢二十六人の日本人の帰国者名簿の中の人数と、先に挙げた二人のように、途中で消えた者を消去法で算出していくと、残り六名から八名がコリアに残ったことになる。ちなみに現地の歴史家や郷土史研究家の多くは、八名説を採っている。

そもそもこの話の発端は、日本を意味するハポン姓の人たちが現在でもコリア・デル・リオに集中して住みつき、不思議なことに彼らはみんな日本のサムライの子孫であると言い伝えられてきたことに始まった。その根拠については幾つかあるが、まずハポンという苗字には、「日本」以外の意味はない。

通常スペイン人には戸籍上、父方と母方の両方の姓が付くことになっている。スペインのように敬虔なカトリック教徒として、厳格な社会習慣を身に付けた国では、父方の姓が空欄になっている場合には、非嫡出子として差別されることになる。

だが、コリアに残った日本人の中には、サムライではなく、苗字を持たない身分の低い人もいたので、彼らの祖国を意味するハポンをつけたと考えられる。

さらにこの国では、その人の特徴をそのまま苗字にしている場合がある。例えばトレドに住み着いた画家エル・グレコのように、本来はドメニコス・テオトコプーロスという名のギリシャ人であるが、まわりからグレコ（スペイン語でギリシャ人の意）と呼ばれているうちに、それを自ら苗字にした例がそれである。したがって、それぞれの苗字をもったサムライたちも、いつしかハポン姓になっていったと考えられる。

実際現地で子孫といわれる彼らに会ってみると、通常のスペイン人より顔の彫が浅く、どこか日本人の面影をもつ人が多いのには驚いた。さらに地元の小児科医に確認したところ、ハポン姓の人たちは、大半が赤ん坊の時代に、われわれ日本人と同じように蒙古斑が出るのも、通常のスペイン人と違っている。

そしてこの歴史のミステリーの謎解きは、史実に向かってさらに、歩を進めることになる。コリア・デル・リオの中心地から一歩路地に入り込んだ、サンタ・マリア・エストレーヤ教会に現存する洗礼台帳である。そこには、十七世紀半ばからハポン姓が登場するが、それまではなかった姓である。しかもこの町には、「ハシ」「ビョウブ」「ワラジ」などの日本語が残っていることを、地元の郷土史研究家たちが指摘している。

だが私のように農業史研究の立場から見ると、先にも触れたように、不思議な光景に出会うことになる。水田が日本とまったく同じ作り方なのは、残留した日本人たちが関わっていた可能性が高いからである。日本の東北地方にいた頃は、サムライの身分であっても、自ら米作りをしていた彼らである。

残留した理由

では、彼らは何ゆえ日本に帰らず、スペインに留まったのか。まず、キリスト教徒になった者には、切支丹禁止令の嵐が吹く祖国には帰り難く、命の保証はない。実際、大使支倉常長は帰国後蟄居《ちっきょ》を命じられ、二年後に病死すると、ヨーロッパに行ってもいない長男以下、主だった者が刑死するという、悲劇が待っていたのである。残留する者はそのような展開を読み取っていたか、少なくとも予感はしていたに違いない。大使支倉のように藩主政宗から大命を授かって来たものは、帰国しないわけにはいかない。だが、下位の者には、そのようなしがらみはなく、自由に身の振り方ができる立場にある。

さらに往路の太平洋、大西洋を船で渡ったときの辛さも、頭をよぎったかもしれない。

しかし、もっと本来的な理由は別なところにあったはずである。日本女性にはない表情豊かで情熱的な娘たちが、若い日本人たちを虜にしてしまったに違いないのである。それに恋愛関係ができ、とくに子供ができていた場合には、帰国がためらわれるのは当然だろ

支倉らが上陸したグァダルキビル川

う。

では、なぜコリアに集中的に住んだのか。もともと集団で住みついたためだろうが、ここは新大陸、日本からの情報の窓口であるから、この地を離れるわけにはいかなかったに違いない。

さらに、支倉から残置諜者《ざんちちょうじゃ》として情報蒐集を命じられていた可能性もある。理由はいくつかあったはずだが、いずれも的外れではないだろう。

そして結果的に、コリア・デル・リオと、隣接するプエルタ・デル・リオは、日本人たちにとっては、望郷の町になるのである。

だが、異国の人間が定着するには、差別の壁を突き破る労苦が待っていたはず。初代と二代目の日本人には特にそうである。

だがリーダーの支倉がそうだったように、現地に残った日本人たちも、まわりのスペイン人から高く評価されていったのだろう。日本の武士道が評価されたともいえるが、信義を重んじる生活態度、協調性、調和といった日本人の特質は、通常のスペイン人に欠ける資質だけに、同じ人生の仲間として次第に受け入れられたに違いない。

新渡戸稲造が『武士道』をアメリカで書いたのは、一九〇〇年のことだったが、支倉使節のサムライたちは、四百年も前に世界の都ローマで、スペインで、武士道を実践してみせたのである。しかも残留したスペインでの日常生活の中で、大勢の子孫を残したことは、きわめて人間らしく、安定した生活を送ったことを意味している。

彼らが行き交った町や汗を流した水田も、いつも通ったに違いない教会もカテドラルも、時の移ろいの中で生き続けてきた。

そしてスペインのアンダルシアを研究フィールドにし、この大地と人々をこよなく愛する私は、今もスペインに行くたびに、コリア・デル・リオに立ち寄り、六百人に増えていた子孫たちの何人かと、今も交流を続けている。

先祖のサムライたちが、この地に残した日本人への高い評価こそ生きた証であり、今に続くハポン姓の人たちへの評価でもある。

近年、支倉一行が上陸した川岸は、こんもりとした木立に囲まれたカルロス・デ・メサという小さな公園になり、その一画には仙台市出身の彫刻家佐藤忠良作の支倉常長像が立っている。

遠くに視線を送っている支倉像は日本の方を向いているように見えるが、ここから町の中心地まではわずか数百メートルしか離れていない。残った日本人たちもこの岸辺に立って、遠い祖国に想いを馳せていたはずである。それは、彼らの子孫たちにとっても、想いは同じ。逢えば口々に「somos japoneses」（私たちは日本人だ）という現代のハポン姓の彼らにも、この地は先祖に想いを馳せる望郷の地なのである。

では先祖はこのコリア・デル・リオやその周辺の地で、季節の移ろいのなかでどんな生活をし、現代の子孫たちはどんな日々を送っているのだろうか。

春を迎えたコリア・デル・リオ

春の訪れが遅いスペインにあって、アンダルシアの町コリア・デル・リオは、三月ともなれば暖かい陽光のなかで、春の息吹に溢れている。

公園の木々が芽吹き、民家の庭のスモモが蕾を膨らませている。通りを行く人々にも笑顔が溢れ、明るさが戻っているのが見て取れる。

もちろんコリアだけではない。この町から一二キロ北のセビーリャ、そこから一四〇キロ北東のコルドバでは、冬でも日中は生暖かい風がゆったりと流れている。

アンダルシアは、カスティーリャ南部の大地ラ・マンチャの南の果てに、東西に長く延びるシエラ・モレナ山脈（シエラは鋸の歯を意味し、転じて山脈になる）の南側に広がる広大な大地。

横長の扇形をしたアンダルシアは、東の果ては地中海に面したアリカンテ、西の果てはポルトガルの国境に近いウエルバ、そして南の地中海側は、マラガからアルメリアに至る〝太陽の浜辺〟（コスタ・デル・ソル）の海岸線が続く。

だが同じアンダルシアにあっても、内陸部のグラナダ辺りの高地は、冬の間、凍てついたままで、人々を屋内に閉じ込めてしまう。

ハポン姓の郷土史研究家

私はコリアに滞在中、親しくしていた自転車屋の主人ビルヒニオ・カルバハル・ハポンの店に朝・昼・晩と立ち寄ることにしていた。自分のハポン姓に誇りをもつ、郷土史研究家である。

彼の店の客のなかにハポンさんたちが結構いたし、時に彼らの溜り場になっていたからである。

ビルヒニオはハポン姓を名乗る人たちのまとめ役として、日本に何度も行ったことがあり、仙台地方では〝ハポンさんの親分格〟として、つとに知られていた。

私は彼の店に入り浸っていたあるとき、店の自転車を借りて、コリア・デル・リオの郊外を走り回ったことが何度かある。

春三月の末、身軽な出で立ちの私は自転車にまたがると、向かったのは、以前から研究フィールドにしていた北西一五キロの辺りから始まる、アルファラフェの農園地帯と、その手前にあるロレトの集落だった。

ロレトには古い修道院がある。ローマから戻った支倉一行には、マドリッドにはもはや居場所もなく、セビーリャ郊外まで戻り、支倉や日本から一緒に来たソテロ神父ら五人が二年数ヵ月滞在していた施設である。残りのサムライや日本からついてきた下男たちは、コリア・デル・リオで待機していたが、彼らは二手に分かれて帰国の日を待っていたのである。

その日、私は独りロレトの修道院に続く道をのんびり走っていた。馬を飛ばし、あるときはてくてく歩いて、コリアで待機する日本人たちが支倉のもとに通った道を、ゆったりと走ってみたかったのである。

セビーリャの中心地とロレト、そしてコリアを結ぶと、ちょうど逆正三角形になる。上辺の右端がセビーリャ、左端がロレト、そしてコリアは下の頂点に位置する。

静寂な空気を切り裂くように、空のどこからか揚げヒバリの甲高い声が風に乗ってくる。冬の間、眠っていた大地には、前年の秋に風が運んできた花の種が、今を盛りと咲き

ロレトの修道院には、支倉が使用していた居住区が今も残る

誇っていた。地の胎動が津波のように伝わってくる風景である。

白いマルガリータ、黄色いタンポポが風の中に揺れている。その向こうには、血の海のように赤いアマポーラ（ひなげし）が、地平線の向こうまで広がっていた。どれも人工的に人間から無理に咲かされているのではない、自然の摂理のおもむくままに咲き誇っている姿がいい。

「風の中に揺れる花がなかったら、人の心はもっとすさんでいただろう」。名前は思い出せないが、ある詩人がそう言っていた。


コリアから陣中見舞いに駆けつける部下たちも、支倉の穏やかにほころんだ顔を思い浮かべながら、この道を急いでいたのだろう。

日本の若者は、セビーリャかコリアで知り合ったうら若いセニョリータと馬で乗り出し、この花の原野で恋を語り合ったこともあるに違いない。揺れる花の向こうに佇む乙女の緑の黒髪に、熱いものが込みあげても不思議ではない。

身一つで、この国に残ろうとしている日本の若者と従う彼女。引き留めようとする彼女らにも周囲を押し切る勇気が要ったはずだが、若さと情熱で乗り切った彼ら。無謀なことにも挑戦するのが若者の特権とはいえ、四百年前の若者たち一人ひとりにも、それぞれのドラマがあったに違いない。それがコリアのハポン姓の原点だろう。

自然の原野が途切れると、梨やモモの果樹園が続いていた。遠くに果樹園主か、使用人らしい人影が見えたが、遠すぎて話を聞きに行くのは躊躇《ためら》われた。剪定作業と、冬の間、霜よけのために根の周囲に施された土寄せを掘り起こしているところであった。

……日本のサムライたちも、こんな作業をすることもあったに違いない。

四百年前の彼らに想いを馳せていた私は、しばらくその場を離れがたかった。


ロレトの修道院が行く手の右側遠くに見える頃になると、ボユーヨという小さな町に出る。当時は小さな集落だったようだが、それでも左手に立派な赤レンガの酒蔵があった。

この酒蔵には、コリアの住人で、私とは二十数年来の友人ヴィクトル・バレンシア・ハポンと二〇一三年に立ち寄ってみると、外観は以前のままだったが、内部は大きな居酒屋になっていた。

天井から吊るされた大きな豚の太ももの生ハムがずらりと並び、ワインのボトルが勢ぞろいしていた。なかには近郊で造られる地酒のワインもあった。

「ここは十五世紀に建てられた酒蔵だったのですが、持主が替わって、数年前から居酒屋になったのです」

「ということは、コリアからロレトへ行くときは、日本のサムライも支倉たちへの手土産にこの酒蔵でワインを買い、帰り道にも立ち寄って、自分たちのために買い込んでいた可能性がありますね」

私たちはそんな会話をした。

昼食にはまだ一時間以上の間があったが、駐車場には車がびっしり並び、店のなかは半分以上、客で埋まっていた。近郊の村やコリア辺りからやって来た人たちのようであった。この日は日曜日だったので、教会帰りの家族連れが多かった。親たちは、子供たちに精いっぱいのお洒落をさせているから、一目で分かる。

「彼らはどんな職業の人たちに見えますか」

私がそう尋ねると、ヴィクトルは、

「通常のサラリーマンか、商店主や店員、それから農夫たちのようですね」

と、周りを見やりながら答えた。

アンダルシア自治州農業省に勤務するヴィクトルは、自らのハポン姓に関心が強い郷土史研究家で、本業は農業問題の専門家である。

彼の話は、まずハポン姓の話から始まった。

「コリアも都市化が進んで、町役場を中心に学校や銀行、文化施設が集まっています。その背後が民家ですね。

昔のサムライたちの居住区は、当初は町の中心地から、西方に一キロほど離れた農園地帯に集団で軒を連ねていたようですが、二代目、三代目と世代が変わるにつれて、住民と交わるようになったと考えられます。彼らはキリスト教徒に改宗したといっても、しょせんは新キリスト教徒として異端者扱いだったのです。

彼らが中心街に来るのは、買い物や、手続きのために町役場に立ち寄ったり、その背後の丘の上にある、異端者のための礼拝堂エルミータにお祈りに行くときだけだったようです。

だんだん中心地の近くに住み移り、町の教会に出入りできるようになるのも、三代目あたりからです」

私もこの洗礼台帳は確認しているが、町役場の裏手のサンタ・マリア・エストレーヤ教会に残る洗礼台帳に、ハポン姓の名が初めて刻まれるのは、時代から見て三代目あたりに相当している。

命がけで太平洋、大西洋を渡ってきた先祖は、この地に残っても、高い評価を得て定着するまでには、苦難の道を歩んだものと思われる。

コリアの礼拝堂 エルミータ

それからヴィクトルの話は、農業問題に移っていった。

「現在、農園地帯はコリア・デル・リオの西側の空間と、その先のプエルタ・デル・リオの周辺部だけです。

三月の今は、田んぼはまだ休耕地のままですが、四月の後半から機械で起耕して水を引き、さらに地ならししてから、ヘリコプターでモミを撒きます」

なるほど、コリアを丹念に歩いてみると、その景観は彼の説明通りであることが分かる。

その数日前、独りで隣町のプエルタ・デル・ソルまで歩いたとき、周辺の広大な田んぼは掘り起こされて太陽の光に干されたままだった。

子供たちが田んぼの淵の小川で、素足のままアメリカザリガニを獲っている光景に、自分の子供時代が思い出されて可笑しかった。

二十数年前、この水田地帯では苗床で育てた苗を機械で植えていた光景を私は見ているが、それ以前は、日本と同じように小さく畦道で区切った水田では、手で植えていたのである。

それはまさに、残留した日本人の伝統を引き継いだ稲作そのものであった。

だが今は、水田の畦道も取り払われて共同経営に変わり、地平線の向こうがぼやけて見えるほど、大きな水田に様変わりした。

その続きを、ヴィクトルが解説してくれた。

「昨今ハポン姓の農業従事者が減少したのは、彼らが教育熱心であることと関係があります。実際、子供たちは学業の成績もよく、平均より高度な教育を受けているのです。私もそうですがセビーリャ大学はじめ、大学教育を受ける者が増加しています。

三十年ほど前までは、ハポン姓たちは農漁民がまだ多かったのですが、いまは研究職、学校の先生、医者、公務員、銀行員など、ホワイト・カラーが多いです」

ヴィクトルの子供時代には、ハポンの親たちは水田で汗を流し、桑畑を広げて、蚕を育てるのに勤しんでいたのだそうだ。彼らの生活もすっかり様変わりしたのだ。

変わったのは大人たちだけではない。魚やザリガニを獲る川ガキや、畑の休耕地で、ヒバリの巣を探すのに精出す野良ガキも少なくなったという。

「しかし今では、わが家の子供たちも、部屋に籠って、ネットでゲームばかりしていますよ」

と言って、ヴィクトルは笑った。

待ち遠しかった花祭り

コリアの住人たちが、前年から楽しみにしているのはセビーリャの花祭り。移動祭日の聖週間から二週間後に始まる伝統の〝ビッグ・イベント〟である。祭り好きのスペイン人や外国人観光客のために、イエス・キリストの父サン・ホセの祭事〝バレンシアの火祭り〟より後に設定されている。

花祭りは、四月に入ると二週間連日連夜繰り広げられる。この国伝統の経済不況や政治不信などどこ吹く風。享楽の精神こそわが命と心得ている彼らは、朝から祭り会場に三々五々と集まり始め、普段は午前の仕事は一時半までなのに、職場を十二時前に切り上げてきたサラリーマンやオフィス・レディーも駆けつけてくる。

そこへ白いアラブ馬にまたがり、黒いソンブレロ、襟の広い黒のユニフォームに、赤い蝶ネクタイ、白い絹のフリルが着いた正装で、踵に滑車の付いたブーツで決め込んだ、いなせな若者が颯爽と乗りつけてくる。近郊の大農園主の御曹司たちのほかにも、都会の少年たちもどこで調達したのか、見事な白馬にまたがってやってくる。出で立ちからして、白馬王子である。

花祭りの男たち

馬はいずれもコルドバ歳時記にも出てくる〝アンダルシアン〟で、調達して調教するのは、ジプシーの専門職だ。

馬の後部には、水玉模様のフラメンコ衣装を身に着けた妙齢の美女が横乗りしているが、ドン・フアンと情熱の女カルメンを再現した彼らは、花祭りのスターである。

そんな華やかな祭り会場になっていたマリア・ルイサ公園で出会ったのが、裾が地面に着きそうなピンクの水玉模様のフラメンコ衣装をまとった、妙齢の愛くるしい娘であった。一九八九年四月初旬の出来事である。

そのとき、一目で日本人と分かったのか、私の方に彼女が近づいてきて、

「あなたは日本人？　私の名はマリア・ポロ・カルバハル・ハポン。先祖は日本のサムライだったのです」

という、先の台詞を聞くことになったのである。以後、彼女の住むコリア・デル・リオに私がのめり込んでいくようになったのも、これがきっかけであった。

花祭りともなると、コリアの住民もこぞってセビーリャに出かけていく。会場ではカスターネットとギターの軽快なリズムに乗って、目いっぱい着飾った娘たちの大きな輪が解けて二人一組になり、また輪に戻る、セビリャーナスを舞っている。美しい流れのなかにも躍動感に溢れている。

なかでもハポン姓の女性は、美人が多いと地元の人たちが自慢するだけあって、ひと際華やかな存在らしい。そのなかの一人が、ミス・スペインに輝き、仙台にも来たことがあるマリア・ホセ・スワレス・ハポンという女性である。

ここにはコリアの男たちもやってくる。いずれもハポン姓のファン・フランシスコやホセ・ミゲール、町役場のマヌエル・ルイスも、職場を昼で切り上げると、セビーリャに駆けつけてくる。

彼らのお目当ては、華やかな娘たちの踊りを眺めながら傾ける、コルドバ郊外モンティーリャ産のワイン、ポルトガルに近いヘレス・デ・フロンテーラで生まれた芳醇な香りのシェリー酒だ。

「この地のワインには、アンダルシアの太陽の香りと、人々の熱い魂が宿っている」

一様に彼らはそういう言い方をする。

ハポン姓の彼らも、〝血筋〟を誇りにしているだけでなく、しっかりとロカリスモ（愛郷主義）を身につけている。

だが、なかには二週間も続く花祭りは、初めの数日で切り上げ、祭りの喧騒を避けるように、郊外の原野にピクニックに出かける家族もいる。スペイン人のなかでは、地味で地についた生活をする人が多いのがコリアの住民、とくにハポン姓の人たちである。

サラ・フェルナンデス・ハポンは、

「夫や子供たちと、プエブラ・デル・リオの先のアスナルカーサルの野道をよくドライブします。樫の林や自然のお花畑が広がっているから、散策するにはいいですよ」

と言っていた。穏やかな陽光の下で、アンダルシアは春爛漫《らんまん》である。

セビーリャの椰子の木陰に舞い降りる越冬ツバメの群れに、コリアを流れるグァダルキビル川の川下のドニャナ自然保護区で冬を過ごしたツバメたちも合流する。

彼らが川面すれすれに翼を連ね、コリアの川岸を飛んで、セビーリャに上って行く光景に、人々はあらためて春の到来を感じ取る。


春の香りは、食料品市場にも漂っている。

コリア・デル・リオの商店街「五月一日通り」の市場メルカドーナでは、香味野菜のコーナーにお馴染みのアスパラガスやパセリ、セリのほかに、早くもオレガノ、バジル、ローズマリーが新鮮な香りを漂わせている。

果物では、イチゴ、キウイ、サクランボなどが目につくが、私が一番好きなのは魚のコーナーである。大西洋から地中海に回遊してきたカツオ、イサキ、タイ、キンメダイ、トビウオ、キスのほかに、イカ、タコの類も売られている。

タコは酢に漬けてワインのおつまみ、イカは輪切りにして衣をまぶしてテンプラに揚げ、レモンをかけて食べる。

テンプラの語源についてはすでに触れてあるが、戦国末期から江戸初期にかけて、イエズス会や聖フランシスコ会の神父や修道士たちが伝えた南蛮渡来の食物で、日本食ではない。昔も今も、スペインではごく日常の食べ物であるから、残留したサムライたちも常食していたに違いない。


市場帰りの主婦たちも、通りを行く人たちも、冬の間よりも歩き方が早くなり、活動的になる。

子供たちといえば、人通りの少ない通りで、サッカーボールを蹴り合っているのが大抵だが、役場の白壁に向かってシュートしている光景を見たことがある。子供たちの動きはいずれ劣らぬ俊敏そのもので、こんなきれいなフォームを見せられると、大人たちも咎めるわけにはいかなくなる。

一方、セルバンテス通りの町役場から半ブロック離れた角にあるバール〝エル・レロホ〟(時計の意)は、お喋りに余念のない老人たちでいつも賑わっている。ここはハポンさんの溜り場と言ってもいいほど、いつも何人か必ずいる。

家族や友人の話、そしてサッカーや闘牛の話題でもちきりだが、そこに私のような日本人が加われば、話題はハセクラ、センダイ、イシノマキと相成る。

そして最後の締めくくりの台詞は、きまって「somos japoneses !」（私たちは日本人だ）である。

天気の良い日はバールのドアも窓も開け放たれる。一年のうち、春と秋が極端に短いアンダルシア。もう初夏はすぐそこに来ている。

夏のコリア

周囲に高い山や高地もない盆地のセビーリャの夏は、〝フライパンの底〟と言われ、四十度にもなるから、日中外出するのは躊躇《ためら》われる。サハラ砂漠の乾いた熱風が回り回って吹きつけるからである。

セビーリャの目抜き通りにあるロータリーの中央にある噴水の下で、子供たちと鳩の群れが、仲良く水浴している光景を見たことがある。

それでも北アフリカのスペイン側に近いオート・アトラス山脈が遮ってくれるから、セビーリャやコリア・デル・リオ辺りはまだ少しはましである。酷《むご》いほど気温が高いのは、セジブラルタル海峡を渡ってきたサハラ砂漠の風に、直接晒される太陽の海岸〝コスタ・デル・ソル〟から東のアリカンテにかけてである。盛夏の頃は終日メラメラと燃えた太陽の炎が降り注ぎ、慣れていない外国人は、白い上着をかけていないと肌が火ぶくれになる。山は白い禿山で、椰子の木以外に植物も育たない。

セビーリャが暑いなら、一二キロしか離れていないコリアとて、事情は同じである。だがコリアは隣の集落プエルタ・デル・リオとともに水田が背後にあるから、湿気が加わる。

当初コリアに住み着いた日本人は、日本の蒸し暑さを知ってはいても、これほどの高温は体験していなかったはずである。

コリアの夏の日中はたしかに蒸し暑いが、日が落ちた水田の周辺ではホタルの光が今でも見られるから、四百年前の日本人たちはことさら望郷の念に駆られたであろうことは、想像に難くない。

だがホタルはいいのだが、蚊が多いことには閉口するらしい。この地で人気があるのは、キンチョウ蚊取り線香である。

農夫たちは地平線の向こうの事象には無頓着だが、その分、足元に目が注がれる。自分の田んぼには水が入っているか、小川の水は涸《か》れていないか。常に天候と睨めっこだが、彼らが注目するのは、水田地帯を飛ぶツバメの群れの飛び方である。

「ツバメが低く飛ぶときは、雨が降る前触れなんだよ」

ある農夫がそう言っていたが、蚊が低く飛ぶからである。

このことについて、私が勤務する大学で講師をしていたバレンシア出身のホセ・イグナシオ・ドメネクは、生物学が専門だが、こんな話をしてくれたことがある。

「蚊の体内にある浮き袋は、気圧の変化に敏感に反応します。気圧が低くなると蚊は高く飛べないので地表すれすれまで降りてくるのです。それを狙ったツバメが、低く舞い降りるというわけです」

なるほど、気圧の下降は天候が崩れる前触れであるから、雨が欲しい農夫たちは、ツバメの飛び方に注目するわけである。


盛夏の頃の午後は、コリアは夕方まで人通りが絶えてしまう。シャッターや鎧戸を降ろし、家のなかを暗くして天然のクーラーの恩恵に浴している。コルドバ歳時記でも触れたように、漆喰の外壁から水分が蒸発する際、気化熱が内部を冷やしてくれるからである。

この時期、戸外で賑わっているのは、町はずれにあるプールだ。郷土史研究家で自転車屋のビルヒニオ・カルバハル・ハポンと何度か行ったことがある。ここではさすがに若者や子供たちが主役だが、なかにハポン姓の若い女性が何人かいた。みんなカルバハルの知り合いばかりで、このなかに、花祭りの会場で私に声をかけてきたマリア・ポロ・カルバハル・ハポンがいたのは奇遇だった。

「あの娘は私の姪だよ」

と、自転車屋のおやじさんは笑いながら言った。なるほど、狭い世界である。

夏の盛りに郊外に出かけると、「夏のアンダルシア」を実感する場面に出くわすことになる。もちろんクーラーの効いた車で回ることになるが、コリアからさほど遠くもないうちから月面世界に降り立ったような、塩湖が出現する。

コリアからグァダルキビル川の川下を左岸沿いに下って行き、途中から白い丘の上の町アルコス・デ・ラ・フロンテーラをめざすと、干上がった湖の底には、雪のような塩が分厚く張りつめている。

道路の脇道で、涸れかかった泉が、ゴボッゴボッと白いドロドロの水を吐き出しているのは、『ドン・キホーテ』の遍歴の旅にも出てくる、塩吹き沼である。

町中にいると気がつかないが、アンダルシアはこれほど自然が過酷な地であり、そこに

塩湖の底には塩が張り詰めている

セビーリャやコルドバといった都市、そしてコリア・デル・リオのような小さな町を形成して人々は生きてきた。往時の人々は、健康管理、農牧畜の有効な生産法を編み出してきたが、まさに人間の英知を集めたコルドバ歳時記の世界である。

夏の農作業

『コルドバ歳時記』を基に、十二世紀にイスラム系農学者イブン・アワムによって著された『古農書』の記述と、現在の景観を比較していて気がついたことがある。まず農業景観図でいえば、小川の畔から続く桑畑、スモモの畑、ハシバミやドングリの実をつける樫木の林は、一千年前の記述通りだったのは驚きであった。まるで時間が止まったままなのである。時間が止まったままだったのは、調査に入ったバレンシアのオレンジ畑も同様であった。ここも一千年前と少しも変わっていなかったのである。

そして、十二世紀にこの地で書かれた先のイブン・アワムの古農書によると、コリア・デル・リオのあるアルファラフェ地方は、スペイン有数の地味豊かな農耕地が拓けていた。桑畑や果樹が多いのは今も昔も変わらない。

この古農書によれば、表土を何回も耕すように、乾燥地ほど起耕を繰り返すようにと奨励している。一見すると、起耕すれば土中の水分の蒸発を促しているように思われるがさにあらず。前にも触れたように、植物の根を切り毛細管現象を切断することにより、蒸発を防ぎ、保水に努めているのである。

日本人たちは稲作のほかに、桑畑をせっせと管理していたことが分かっている。スペイン語で桑はモレラ（morera）、蚕はグサノ・デ・セダ（gusano de seda）といい、蚕を育て絹を織っていた図柄のタピストリーも残されているから、「日本人も関わっていたはずです」と、アンダルシア農業省の研究員の一人が言っていた。

ハポン姓の人たちは教育熱心なので、高等教育を受ける人が多くなり、その結果、医師や研究職に就く人、教員、公務員が多くなったと現地では指摘されている。その分、農漁業従事者は激減した。しかし三十年ほど前までは、ホワイト・カラーは少なく、特に四百年前の日本人たちは、〝新キリスト教徒〟〝新参者〟として宗教的、社会的差別も受けていたので、農漁業で生計を立てていたと思われる。

彼らにも、酷暑のアンダルシアの気候は耐え難かったはずだが、それを気力と体力、団結力で乗り切ったものと思われる。この勤勉さ、誠実さが、彼らが未知の土地に定着できた原動力だったのである。もっとも今のハポンさんたちは、酷暑の夏には屋内で、のんびりお喋りや長いシエスタ（午睡）を楽しんでいるのは、ほかのスペイン人たちと同じである。

それでも先祖から引き継いだ生真面目さ、正直さという特質は変わっていない。

野菜の旬と魚の旬

夏の間、あれほど燃え盛っていた太陽も九月も中旬に入ると穏やかになり、郊外では葡萄の摘み取り作業、十月、十一月にはアーモンドや胡桃、サフランの収穫に追われる。ハポンさんたちも、以前は通常のスペイン人と同じだったが、今は農作業に勤しむ人は稀だそうだ。

地元や近郊の生産状況と、コリア・デル・リオの消費の実態は、町中の市場に行ってみると、一目瞭然に分かる。実際、市場は近郊の農漁業の実情と地域の台所の顔である。旬を迎えたコリアの秋野菜は九月が青唐辛子、ナス、人参、カボチャ、それに中世からスペインで親しまれてきたインゲンマメなどである。

十月、十一月と秋が深まってくると、茸類、ジャガイモ、大根が目につくようになる。とくに茸類は、われわれ日本人には珍しくて名も分からない種類が出回ってくる。スープや鍋物に欠かせないレンズ豆、ひよこ豆などの収穫期でもある。

しかしコリアもそうだが、通常スペインの食卓では豚肉、牛肉のほかに、日本ではあまり見かけない仔羊、仔山羊、ウサギなど精肉類のほかに、チョリソ（香辛料の入ったソーセージ）、生ハム、豚の腸に白飯、カボチャ、挽肉などを詰め、豚の血で固めたモルシーリャなど、冬を越すための保存食として昔から伝えられてきた腸詰類が主役である。その分、野菜の摂取量が少ないようである。

コリアの市場で秋の到来を実感するのは、魚のコーナーだ。コリアではもっとも大きいスーパー「メルカドーナ」では、ヒラメ、甲殻類の「亀の手」が並び始めるが、外海の大西洋から、地中海に産卵のために入り込んでくる脂の乗ったクロマグロなど、われわれには憧れの魚も、氷の上に数キロの大きなブロックが乗っている。客は薄い切り身にして買い、ステーキのような食べ方をするのが一般的である。薄いピンクの魚肉に白い脂の層が織り成す、大トロ、中トロは、思わず喉から手が出そうになる。

しかし私は、そんなスーパーの魚コーナーよりも、グァダルキビル川の岸辺の、支倉常長の銅像の前で、週三回開かれる朝市で売られる魚の方に興味が湧く。そもそも週三回に限定されているのは、操業を共同管理下に置いて、限られた資源を減少させないための自主規制。川岸で水揚げされる漁獲量は漁民の組合で厳しく計量され、減少傾向にあれば、操業時間を短縮したり、一時停止することもある。

獲れた魚は、基本的にはコリアの人々の胃袋に収まり、余れば近郊の町村に売られる。漁師が地元の常連に売っているのだ。

魚の朝市は六時に始まるが、スペインでは夏でも六時はまだ暗い。晩秋や真冬の頃にも魚市場で観察してみたが、やっと薄明るくなるのは八時頃である。

川岸に接岸した漁船からは、発泡スチロールの箱に入れられた魚が屋台に運び込まれ、裸電球の下で手際よく並べられているが、まだピクピク動いている。なかには大暴れしているものもあるが、川に戻せばそのまま泳ぎ出すに違いない。

秋の魚はたいていボラやコイ、大型のウグイで、初秋にはまだウナギやナマズも売られている。

朝市を仕切っている漁師にマヌエル・ハポン・ビスコチョという、ハポン姓の老人がいる。知り合った当時は五十八歳だった彼も、今では八十歳になり、世襲の漁業権は娘婿に譲って、朝市を指揮している。

彼が現役の頃は、毎朝暗い川岸に立って風を読み、魚群の行動を予測していたという。

「ウグイ、ボラはいつ索餌《さくじ》行動を開始するとか、彼らの通路を予測して網目を決めたりするんだ。

ウナギ？　あれは水温に関係が深い。秋も十月に入ると、もう餌を食わず、行動もしない」

この地に残った日本人たちも、きっと魚の習性を学び、通り道に網を仕掛けたりして、漁師の仲間入りをしていったに違いない。ただし、従来から漁業権は世襲であるから、奥さんの側の父親が漁師でなければならない。

海の漁師は行動域が広く危険も伴うから、さらに自然の観察には神経を使っている。日本の「春一番」は、瀬戸内海沿岸や隠岐の島の漁民の言葉から始まったそうだが、陸上の人間でも、情報の発達した今日よりも、われわれの先祖の方がもっと敏感だった。ちなみに、春の別れ霜、春雷、初夏の菜種《なたね》梅雨、南風《はえ》、盛夏の頃の雷雲、秋は鰯雲、野分《わき》、不知火《しらぬい》、冬は木枯らし、狐火、雪女郎といった具合で、俳句の季語にもなってきた。

ところで、気になるのはウナギの食べ方だが、ハポン姓の子孫、マリア・ルイサが言っていた。

「白身の魚はムニエル、バター焼き、蒸してスパイスの効いたソースをかけるのが普通です。ウナギはぶつ切りにして、すり潰したアーモンドとトマトをベースにしたスープで煮込むのですが、うちの家族はみんな大好きですよ」

これはアリペブレという料理で、バレンシア地方から伝わった料理法だそうだ。魚の朝市で買物を終えたコリアのおかみさんたちは、重いビニール袋を提げて、帰って行く。スペインの女性はみんな働き者で、家族思いである。今日の食卓に上がる料理を想像しながら、私は彼女たちの後姿を見送った。

この地に残ったサムライたちも、そして今日のハポンさんたちも、みんな地にしっかり足のついた生き様を続けているのは間違いない。

冬に入ったコリア

春と秋が極端に短いスペインでは、一年の季節は、大まかにいえば夏と冬である。実際五月初旬はもう初夏だし、十一月に入ると冬である。

コリア・デル・リオの十一月初旬の日中はまだ過ごしやすいが、主都マドリッドでは、道行く人は厚手のコートを着込み、マフラーと手袋をしているし、女性たちのコートの襟には、たいていウサギや狐などの毛皮が付いている。

その頃、アンダルシアのコリア・デル・リオの人たちは、毎年十一月一日の諸聖人の祝日（Dia de Todos Los Santos）に、先祖の墓参りをする。

バレンシア発祥のアリペブレ（うなぎのスープ）

これはスペインではどこも同じだが、そのため帰省する列車のチケットは、何日も前から買っておく。数日前には墓の掃除を終え、家族が久しぶりに揃うのを待つのである。さすがは先祖を大切にするカトリックの国であるが、家族の絆は、日本よりはるかに強い。なにしろ同居する家族は、一家揃って昼食のテーブルを囲む習慣が今でも健在だし、地方に住む子供たちも、一日おきに電話やメールのやり取りをしているという。

ハポンさんの墓地

私が興味をもったのは、コリアのハポンさんたちの墓地である。古い墓石は風化して読めない上に、一七五五年のポルトガルの大震災の際、この辺りにも災害が及び、墓も大きな被害を受けたのだそうだ。

現在の町営墓地は、町から離れた北方の松林の向こうにある。四角い筒状をしたコンクリートは人間が入るサイズで、外側が漆喰で真っ白に塗ってある。

日当たりに配慮したのか、墓地の南側は拡張工事のさなかで、新しいコンクリート製の石棺が運び込まれていた。

コンクリートの棺が四段に整然と重ねられている様は、一見すると、この国の古い因習から抜け出した感じがする。だがスペインでは、エル・エスコリアル修道院はじめ、大きなカテドラルには、歴代の王やお妃、その兄弟姉妹たちも、積み重ねられた頑丈な石棺の中で眠っている。

コリアの町営墓地も、そんな伝統の名残りを引き継いではいるが、四段の石棺がずらっと並んでいる様はまさに団地風で、やっぱり新しい時代の永遠の住み処である。

それぞれの石棺の正面には、十字架の下に姓名、亡くなった日付、年齢が刻まれ、「あなたのことは、家族はみんな永遠に忘れない」などといったメッセージが彫ってある。

コリアの郵便局に勤務していたマヌエル・ペニャ・スワレスと奥さんのマリア・ルイサとは十数年来の知り合いだが、墓参りの前日の清掃作業に行く途中、私を町営墓地に案内してくれた。

亭主はハポン姓とは無関係だが、奥さんのマリア・ルイサは、母方の祖母までハポン姓だった人である。

彼女が「これが私の母です」と言って指差した墓碑には、『マリア・ルイサ・ロドリゲス・マルティン。一九七八年没。四十九歳。夫も子供たちも、あなたのことを決して忘れない』と刻まれている。

娘と同じ名の母親は、若くして亡くなっていたが、その上の段を見ると、祖母の代までは、しっかりハポン姓がついていた。

マヌエル・ペニャ・スワレスの奥さんの正式な名はマリア・ルイサ・サラス・ロドリゲス。

ちなみにマリアは両親がつけた名で、ルイサは生後一ヵ月して教会でつけてもらった洗礼名。サラスは彼女の父の姓、ロドリゲスは母の父親の苗字である。

だが、彼女の母方の祖母はマリア・ホセファ・ロサノ・ハポンと、しっかりハポン姓が刻まれ、さらに周囲の親戚の墓石を辿ると、ハポン姓が多かった。

墓は先祖代々、一族郎党が集まる永遠の地だが、墓石を見るとハポン姓の人は九十六歳、九十四歳となぜか長寿の人が多かった。

それはともかく、マリア・ルイサが言っていた。

「墓地の前に立つと、数奇な運命を辿ってやって来て、この地に没した人がいたことに、静かな感動を覚えます。だって、私はあの人たちが日本から来たから、今こうしているわけですから」

初冬の陽だまりのなかで、彼女は穏やかな表情を浮かべた。

日本姓の人々が眠る墓地

ハポンさんの溜り場

先にも触れたように、町役場の前のセルバンテス通りを半ブロック行った所にあるカフェ〝エル・レロホ〟（時計の意）は、老人たちの離散集合の拠点で、ハポンさんが多くやってくる。朝からみんな決まったような時間に現れ、昼食が始まる二時にはみんな引揚げ、夕方五時ごろになると再び集まってくる。

一杯が一ユーロのコーヒーやグラスの生ビール、ワインを注文して啜りながら、よもやま話に明け暮れる。

春と夏には窓もドアも開け放たれているが、冬は暖房のきいた室内で、長談議に及ぶ。以前は達磨ストーブをみんなで囲んでいたが、今は四方の壁に沿ってスチームが引いてある。客は木枯らしが吹いても、自分たちの家からカフェまで歩くことなどいとわない。冬の長雨の時期でさえ、室内は賑わっているのだから、仲間との団欒は欠かせない生活の一部になっている。

みんなが計ったように集まり、別れていくところから、〝時計〟という名が店につけられたのではないかと、私は考えた。

若いファン・フランシスコ・ハポンやヴィクトル・バレンシア・ハポンたちは毎朝、出勤の途中に立ち寄ってコーヒーをすする。夕方は、帰宅の道すがら立ち寄ってビールやワインを軽く傾けながら老人たちの話に加わり、会話を楽しんでいる。

なかでもハポンさんの主のような存在だった自転車屋の主人ビルヒニオが亡くなり、町役場の元広報室長で、日本にも招待されたことがあるマヌエル・ルイス・ハポンが、定年後の今、団欒の中心的存在である。

その彼は私を掴まえると、「センダイ、イシノマキはどうなっているんだ。雪や寒風の中で、避難した人たちは元気にしているか?」と、何度も念を押した。みんな先祖の地だと信じているから、心配で仕方ないのだ。とくに寒い冬には、ひとしお心が痛むらしい。

望郷誘う満月の明かり

私は春の頃、生暖かい風のなかで、グァダルキビル川の水面に浮かんだ、朧《おぼろ》にかすむ満月を見つめたことがある。サムライたちも郷里の菜の花畑や、水車の回る光景に想いを馳せながら、月を眺めたことだろう。

夏には、ホタルの飛び交う稲田の上に昇った涼しげな月、秋はさわやかな中に毅然とした秋の蒼い月。そして冬の冷たい北風のなかで、匕首のような冷たい迫力で迫っていた三日月も、いつしかまん丸い形となって、心の隙間風を大きく受け止めてくれた月も。

支倉一行がグァダルキビル川のほとりで眺めた、四季折々に表情を変える満月の光は、ひと際望郷を誘ったはずだが、とりわけこの異郷に住み着いた人たちには、格別な思い入れがあったと思われる。

奈良時代、遣唐使として海を渡った阿倍仲麻呂は、憧れの長安で立身出世したものの帰国かなわず、在唐五十余年にして、彼の地で生涯を終えた。彼は折からの十五夜の空にかかる月に、

「天の原ふりさけ見れば春日なる三笠の山に出でし月かも」

と詠った望郷の念は、察して余りある。親しかった李白は、異郷に没した仲麻呂を悼んだ詩を残しているが、青丹よしの都は、海を越えたはるか空の下。ゆかりの地「興慶宮《こうけいきゅう》跡地」で今から十年ほど前、中秋の名月を眺めたことがある。冴え冴えと昇る月に、「三笠の山に……」と詠んだ阿倍仲麻呂の望郷の念は、コリア・デル・リオに残ったサムライたち、そして今日のハポンさんの心底と重なり合う。

そして集まれば「somos japoneses!」と言い合うハポンさんたち。この光景を見ていた

私に、こんな言葉がよぎった。

年年歳歳花あい似たり
年年歳歳人変わらず

（完）

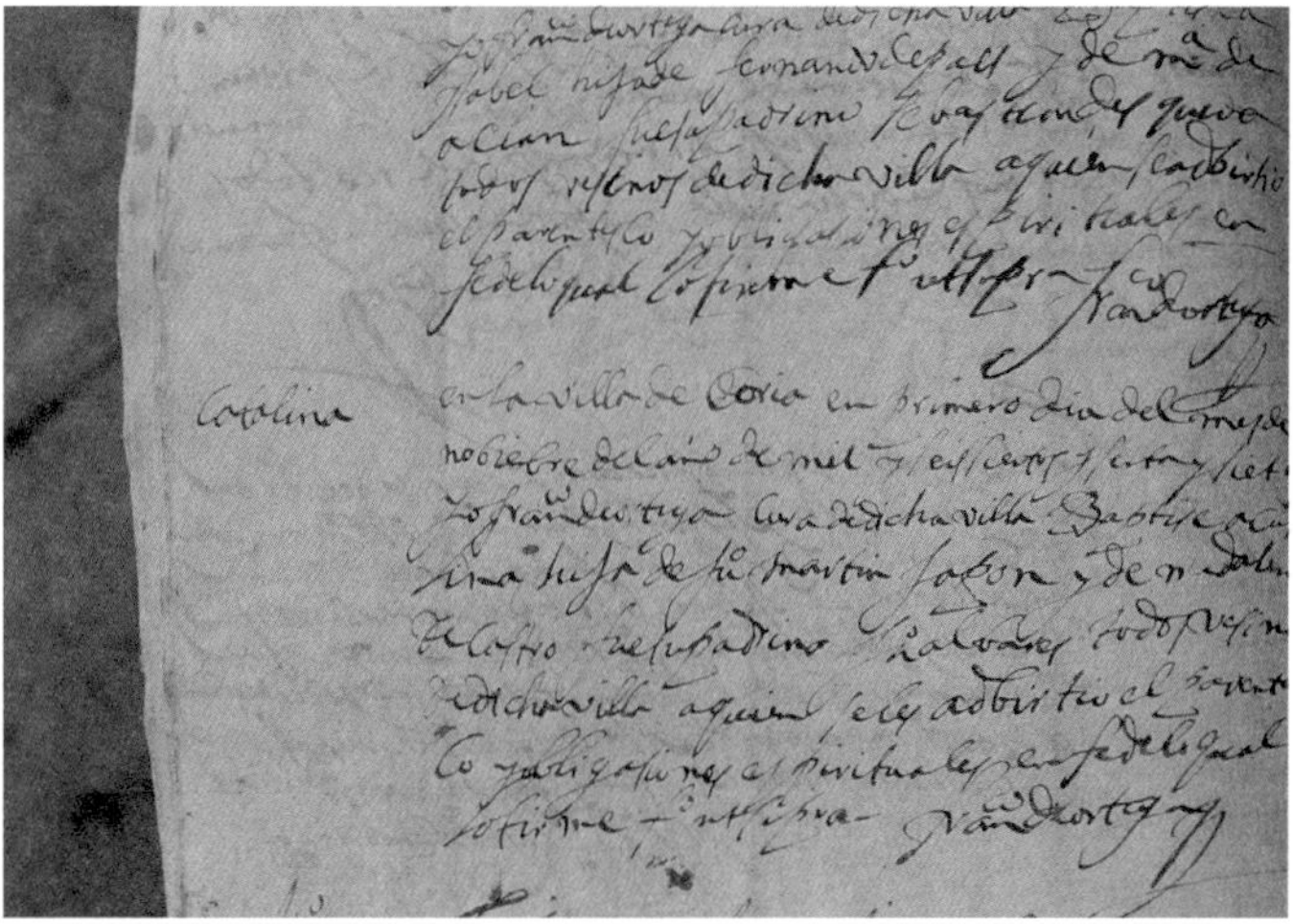

日本姓が刻まれた教会の洗礼台帳

初出一覧

（下記以外は書き下ろし）

コルドバ歳時記への旅

「4月　聖週間の後に目覚める大地」から「3月　陽光まぶしい春の足音」まで

（『望星』2013年4月号～2014年3月号）

参考文献

著　書

アントニオ・ベルナル　太田尚樹ほか訳『ラティフンディオの経済と歴史』（農文協　1993）

伊東俊太郎『近代科学の源流』（中央公論　1978）

前嶋信次「コルドバ歳時記」（『生活の世界歴史7　イスラムの蔭に』に収録　河出書房新社　1990）

太田尚樹『サフランの花香る大地ラ・マンチャ』（中公文庫　1996）

太田尚樹『パエリャの故郷バレンシア』（中公文庫　1996）

太田尚樹『ヨーロッパに消えたサムライたち』（角川書店　1999）

片倉もとこ『アラビア・ノート』（NHKブックス　1980）

佐藤次高『暦　ムスリムの生活技術と社会秩序』（岩波書店　1990）

ジクリト・フンケ　高尾利数訳『アラビア文化の遺産』（みすず書房　1982）

Ebn el Awam “libro de Agricultura”（12世紀　イブン・アワムの古農書（アラビア語）　バンケリ司祭によるスペイン語訳　1802　セビーリャ）

Gabriel Garcia Badell “Introduccion a la Historia de la Agricultula Española”（C．S．I．C）Madrid 1963

論　文

太田尚樹「イベリア半島のイスラム農法にみる科学性　近代科学誕生への流れの中で」『スペイン史研究　第7号（1991年）』に収録

太田尚樹「バレンシア地方の土地支配」東海大学外国語教育センター紀要

太田尚樹「バレンシア地方の灌漑用水史研究」農林省『水温の研究』第26巻5号に収録　1983

写真協力

金沢百枝（東海大学文学部ヨーロッパ文明学科）、宮城県慶長使節船ミュージアム、仙台市博物館

太田尚樹　おおた・なおき
1941年東京生まれ。作家、東海大学名誉教授（スペイン文明史、比較文明論）。
著書に、『サフランの花香る大地ラ・マンチャ』、『アンダルシア　パラドールの旅』（以上中公文庫）などのスペインに関する著書のほか、慶長使節に関する『ヨーロッパに消えたサムライたち』（ちくま文庫）、『支倉常長遣欧使節　もうひとつの遺産』（山川出版社）、昭和史をテーマにした『満州裏史　甘粕正彦と岸信介が背負ったもの』、『天皇と特攻隊』（以上講談社）、『伝説の日中文化サロン　上海・内山書店』（平凡社新書）、『駐日米国大使ジョセフ・グルーの昭和史』（PHP研究所）などがある。

暦の知恵と生きる悠久のアンダルシア

コルドバ歳時記への旅

2014年9月4日　第1刷発行

著　　者　太田尚樹
発 行 者　原田邦彦
発 行 所　東海教育研究所
〒160-0023
東京都新宿区西新宿7-4-3
升本ビル
TEL　03(3227)3700
FAX　03(3227)3701
eigyo@tokaiedu.co.jp

発 売 所　東海大学出版部
〒257-0003
神奈川県秦野市南矢名3-10-35
東海大学同窓会館内
TEL　0463(79)3921

カバー・デザイン　野村 浩
印刷製本　中央精版印刷株式会社

定価はカバーに表示してあります。

ISBN978-4-486-03785-9
Printed in Japan